大夏书系 | 作文教学

教学生写出
高分作文

特级教师的作文教学秘诀

高万祥——— 著

华东师范大学出版社

图书在版编目（CIP）数据

教学生写出高分作文：特级教师的作文教学秘诀 / 高万祥著. —上海：华东师范大学出版社，2024. ISBN 978-7-5760-5683-9

I. G633.342

中国国家版本馆 CIP 数据核字第 20259KD879 号

大夏书系 | 作文教学

教学生写出高分作文：特级教师的作文教学秘诀

著　　者	高万祥
策划编辑	李永梅
责任编辑	万丽丽
责任校对	杨　坤
封面设计	淡晓库

出版发行	华东师范大学出版社
社　　址	上海市中山北路 3663 号　邮编 200062
网　　址	www.ecnupress.com.cn
电　　话	021-60821666　行政传真 021-62572105
客服电话	021-62865537
邮购电话	021-62869887
地　　址	上海市中山北路 3663 号华东师范大学校内先锋路口
网　　店	http://hdsdcbs.tmall.com/

印 刷 者	北京密兴印刷有限公司
开　　本	700×1000　16 开
印　　张	15.5
字　　数	229 千字
版　　次	2025 年 3 月第一版
印　　次	2025 年 3 月第一次
印　　数	5 100
书　　号	ISBN 978-7-5760-5683-9
定　　价	65.00 元

出 版 人　　王　焰
（如发现本版图书有印订质量问题，请寄回本社市场部调换或电话 021-62865537 联系）

目 录

教学生写出高分作文：特级教师的作文教学秘诀

序　作文本上的红杠杠

（高万祥）

永远记得我初中时的作文本，那一道道曲折有致的红杠杠，一直在我脑海里浮现。

给我画红杠杠的是赵老师。西装革履，风度翩翩，加上字正腔圆、音色浑厚的标准普通话，他成了我一辈子忘不了的偶像。特别让我怀念和受益的是他给我的红杠杠。作文本上有眉批和总的评语，但那些红杠杠、红圈圈，给我的鼓励、温暖和激励，真是无声胜有声。

三生有幸。我的小学语文老师程老师、初中语文老师赵老师、高中语文老师张老师，都是一流的好教师。他们的专业水准、职业素养、敬业精神，即使放在五六十年后的今天来看，也是最棒的。在我的工作生涯里，他们的师表形象，一直是一种教科书般的存在。

许多人路过我的生活，而他们走进了我的生命。

他们，他们的课堂，他们在我作文本上留下的红杠杠，是我生命中的吉祥音符，也成了我生命的方向和航标，因为"长大后我就成了你"。

1978 年，我参加高考，所有的大学志愿填的都是师范中文系。我喜欢做教师，向往做一名像自己的恩师那样的语文教师。

我庆幸，我这辈子选择做了教师，选择做了语文教师。给学生画红杠杠，成了我的专业，我的职业，我一生孜孜不倦的事业。

从 1982 年大学毕业踏上讲台的那天起，我就暗自发誓，我要让学生喜欢我的语文课，像我喜欢和崇拜自己的中小学语文老师一样地喜欢我这个语文老师。我选择的主攻方向是作文教学。

因为我看到，语文是中小学各科问题最大的学科，而语文教学的薄弱环节和软肋就是作文教学。如果说眼下全中国的中小学生大多怕写作文，也许并不夸张。怕的事情怎能做好？

有没有让学生都愿意写、乐于写的作文教学方式？多年的实践给了我自信。在我的生活化、创造性、开放型作文课堂上，学生们往往激动、兴奋、热情洋溢，都希望能在我的指导和陪伴下，写出自己的故事和情感。一周一次的作文课成了他们一种热切的期盼。

什么是作文？作文就是创造，作文是一种伟大的能力。如果说阅读是一个人的第二次诞生，那么，写作就是人的第三次新生。

我庆幸，我选择做了语文教师。我也庆幸，我选择了作文作为教改突破口，并且小有成就和收获。1996年，我第一次申报，就评上了江苏中学语文特级教师。而我申报特级教师提供的论文、教案等业务材料，以及我为评审组开设的考核课，都是有关作文教学的。

我庆幸，我是从作文特色教师走向语文特级教师的。

我庆幸，我快乐，我教学生阅读写作，我享受着学生的进步和成长，一天又一天，一年又一年，每一堂课都成了我的节日。

我庆幸，我快乐，我和学生一起读写，读书，教书，写书，语文教师真是世界上最幸福的人。

什么是幸福？一辈子做一件永远做不完的事，就是幸福。

我永远乐于也永远做不完的一件事，就是作文教学。2014年8月，我正式退休。自由了，可以说自己想说的话，见自己想见的人，做自己想做的事了。我最想说的是文学，最想见的是学生，最想做的是上作文课。做校长不再上课的15年后，我重返讲台，把自己的语文课堂称作"老高私塾"。

"老高私塾"是融经典素读和自由写作于一体的大语文，是回归文本、注重习得积累和体验感悟的原汁原味的真语文。选择离孩子心灵最近的文字，以整本书的精读品读为主，让学生在获得良好语感提高的同时，获得心灵的丰富和精神的成长。阅读之后是贴近生活和思想的写作，读写之间或者在内容上，或者在方法上，一定具备关联性。从某种意义上，也可以说，阅读是写作的准备，写作是阅读的目的。每次都是当堂完成交卷，每次都是考试，每次都是比赛。

我的私塾课堂，真正打通了读写，先读后写，读写融合，是一种边读边写的语文教学苏式"双面绣"。2023年我在华东师范大学出版社出版的《边读边写大语文——高万祥老师的语文课》一书，正是这种大语文教学的随笔和记录。

我庆幸，在从教近40年的时候，我终于找到了大语文教育的正道光明。我踌躇满志，我自信满满，语文就应该像我的学生这样学，作文就应该像我这样教。

请恕我如此口出狂言，有我的学生和家长作证。

"15天，30小时，我为文学挥毫，为之癫狂，为之狂舞，为之倾尽所有。也许我是疯了，从来没有过的写作带来的如此酣畅淋漓之感。"这是高中生小倩的感慨。

"高老师打通了我阅读和写作的道路。看过武侠小说的人都知道，功夫分内功和外功两部分，如果把阅读比作内功，写作比作外功，那么我来'老高私塾'以前就是内功极深而无法运用了。现在，高老师打通血脉后，我的写作能力健步如飞，以火箭般的速度进步着。"这是初中生小李的精彩感言。

暑假班结束了，五年级的龙弟对妈妈说："9月我还要报高老师的班，这样我可以不去学校了。"孩子啊，你真是可爱！

五年级家长杨妈对我说："我家孩子以前一听要写作文就头疼，现在完全没有恐惧感了，每天上课都开开心心的。这就是优秀教师的教学魅力啊！"

初中生家长丁妈说："这个暑假，最美好的遇见，是您，高老师！阅读，思考，写作，孩子在您的引导下，一步步走进文学的殿堂……孩子的变化让我们欣喜不已，这不仅是写作本身，更是孩子思想的成长。她带回来的两本作文集，一本是孩子自己的作业，您的亲笔点评如此恳切；一本是同学的优秀作品选，可以看到孩子们有多优秀。这，一定是这个暑假最温馨的回忆。"

孩子喜欢，家长高兴，社会认可，我常常沉浸在语文和作文教学的快乐体验之中。2019年7月，内蒙古呼和浩特市贝尔路小学派出四位语文老师，不远千里，专程来到"老高私塾"听课学习。三天以后，带队的小郭老师说，不听高老师的课，不知道语文有多美。

我鼓励孩子，也提醒自己，学习语言的理想境界，是用语言叙述自己和描写世界。写作的意义就是让人们找到有意义的生活。

教孩子读写，和孩子一起读写，充实了我的生活，也提升了我的生活品质。我的边读边写大语文，渐渐地走进了各地的校园。近十年来，河南濮阳县教育局，内蒙古呼和浩特市回民区教育局，先后挂牌，设立我的大语文工作室和教育家工作站，请我在当地推广我的大语文作文教学。在苏州市平江实验学校，在张家港市东莱小学，我曾经是文学社的志愿者老师。2023年秋，张家港市农联实小、张家港市世茂小学，挂上了"高万祥语文工作室"和"高万祥大语文课堂"的匾牌，每周一次，我为学校文学社上课。无论走到哪里，无论是小学、中学，边读边写大语文，都能得到大家的特别青睐。

感谢教育同仁厚爱，感恩孩子们陪伴，每一堂课都成了我的节日，每一堂课都是我的快乐分享，每一堂课也都会让我想起自己初中作文本上的红杠杠。

作文本上的红杠杠，赵老师给我的生命礼物，成了神奇的息壤，我把她无数次地送给了我课堂上的一个个孩子。

我教，我快乐。我写，我存在。现在奉献给大家的这本小书，正是这几年我作文教学的真实记录，也是我在教育写作道路上新的收获和新的里程碑。

需要说明的是，这里收录的50篇满分作文，都是当场写作交卷，都是在规定的70分钟左右时间内一气呵成的。阅卷时，每每读到特别精彩的满分佳作，我就如垂钓得到了大鱼，就像淘金收获了金子。满心欢喜的时候，我总会产生这样的联想，他们，会不会就是未来的莫言、余华、刘震云，或者王安忆、迟子建、李娟这样的作家呢！

当然，鼓励孩子当作家，帮助他们考试拿高分，这应该只是学生写作的一种功利性目的。写作更重要的意义还在于，写就是目的，就是意义，写作的报酬就在眼前，就在享受写作过程中的陶醉和满足，而不是指望有朝一日能成名成家。

为当作家而写，为考试拿高分满分而写，为兴趣而写，为热爱而写，为什么而写，不为什么而写，也许，这也是一种因材施教吧。

是为序。

［注：本书插图均为作者外孙女詹欣玥（初一）、詹欣晨（四年级）的绘画作品。］

（2024 年 1 月 23 日一稿，6 月 5 日和 13 日修改）

第一辑

动物世界

动物是人类的朋友，也是文学作品中的常客。我经常让学生写以动物为主人公的作文。

既要写出人物身上的动物性，又要写出人性，这是动物题材写作的一个重要准则，也是重点和难点。

让人物多讲话，用对话讲故事，突出语言描写在创作中的作用，也是写好动物题材的又一个秘诀。

在经典阅读的基础上，在我的点拨引导下，孩子笔下，动物世界和动物故事精彩纷呈。

1. 小猪学说话

阅读提示：读好玩的书，写有趣的文。有趣的故事，有趣的人物，这趣味之中，有生活的再现和创造，有作者的审美品位和追求，这是一种值得倡导的好文风。

生活中，你喜欢和什么样的人交往？或者说，什么样的人才讨人喜欢？

俗话说：和漂亮的人在一起养眼，和聪明的人在一起养脑，和有趣的人在一起养身。

有趣的人走到哪里都受人欢迎。同样，幽默生动、有趣好玩的文章也会让人喜欢。

"张老师，我可想死你了！你可说好了的，你结婚时要请我们当伴娘哟！"

张老师一脸笑容地答应道："好的，肯定说到做到！"

这是苏州工业园区星湾学校五年级的顾同学写的，描述了她和幼儿园老师的对话。学生给老师当伴娘，是生活素材，也是故事题材，好玩！

小猪过生日。小羊、小狗、孔雀等都带着礼物来欢聚。蛋糕呢，就是小猪的模样，大家都很开心，脸笑得像绽放的玫瑰花，红红的，粉粉的。

小猪很喜欢大家送的礼物，但等散场后打开孔雀的礼品盒一看，小猪傻眼了，原来盒子里空空如也！唉，孔雀这家伙一向喜欢捉弄别人。

这是苏州市平江实验学校女生詹欣晨在作文里讲的故事，读来让人忍俊不禁。

以上写的是现实生活中好玩的事，妙趣横生，搞笑却不庸俗。

还有一类有趣的故事和文章，是借助丰富奇特的想象实现的，童话色彩鲜明，同样能够写得出色出彩。

苏州市平江实验学校五年级学生王紫瑜的《小猪学说话》，便是这种想象写法的满分佳作。

请欣赏这篇文章和我的点评。

动物学校中，有一个经常被嘲笑的班级——小猪班。

因为经常被狮子班、老虎班欺负，这个班级一直在试图改变自己。

【开头制造矛盾，吸引读者注意。小猪班怎样才能改变被嘲弄的现状呢？】

"哼！总有一天，我们猪会让他们刮目相看！"小猪班长这么说。

【突出班长，突出他们的决心，过渡到下文。】

今天，是他们的重要日子，小猪班开展了有史以来最隆重的班会，班会的主题是：猪该如何反抗？

"好了，让我们开始吧！有谁想发言？"小猪班长兴高采烈地喊道。

【开会讨论，群策群力，真实，动人。】

"班长，我觉得我们之所以被欺负是因为我们的外语课程中没有设置人类语言！"一只小猪站起来说。

"有道理！其他班级都没有这门课，我们学会了人类语言就可以驾驭人类了。好，现在我们就动身，去学人说话！"小猪班长命令道。

全体小猪起立，郑重地离开了教室。

【外语课，外语课中没有人类语言，作者的想象很大胆，很离奇，也很

有创意。于是，小猪学人类语言，并且要驾驭人类，文章的主体内容，精彩的故事，由此拉来帷幕。】

来到大街上，小猪们四处寻找哪里可以学习人类的语言。

班长拉住一个坐在摇摇车里的小婴儿，问道："你能教我们说话吗？"（猪语，噜噜，呼噜噜！）

小婴儿回答："咿咿呀！呀呀！"

可爱的小婴儿，他还不会说话呢！

不懂人类语言的小猪班长以为小婴儿答应了，用刚从小婴儿口中学到的"人语"感谢小婴儿："咿呀咿呀！咿咿！"

"咿！"小婴儿叫了一声。

"咿！"小猪们学了一声。

"咿咿哒呀咿呀！"小婴儿开心极了，手舞足蹈地喊起来。

"咿咿哒呀咿呀！"小猪们又学了一句。

"嘻嘻！人类的语言也不难学嘛！"小猪班长沾沾自喜道。

【作者很会构思故事，让小猪跟婴儿学说话，真实性和戏剧性并存，描写细腻、生动。】

和小婴儿学了一整天后，小猪们认为学得差不多了，便告别"师父"，驾驭人类去了。

【过渡段，语言简洁又幽默风趣。】

小猪们找到一栋大楼，走了进去。他们进入了一间很气派的办公室，这是某集团董事长的办公室。

【又是一个新的场景、新的人物、新的内容，但和上文衔接紧凑，新的故事、新的矛盾冲突，即将发生。】

董事长还在办公，见有人进来，头也不抬地问了句："谁啊？"

"咿咿呀！咿呀！"小猪们用人类语言回答。

【拟声词的运用，为全文增色不少。】

"是谁在捣乱？"董事长生气了，他停下手上的工作，抬起了头。

这一抬头可着实吓了他一跳。

只见小猪班十几只猪纷纷用自己的"人语"——"咿咿呀呀"地叫着，用人类的语言说，就是"猪山猪海""猪宇轩昂"。

【对话描写中，提示语比较传神；及时分段，突出重点内容；最后两个词让人笑翻。】

这位董事长可是一个有童心的人，他愣了一下，便觉得十分有趣，也"咿咿呀呀"地叫起来，试着和猪沟通。

【董事长有童心，居然试图和小猪对话沟通，这样写妙不可言。呆萌可爱的小猪，善良、童心未泯的董事长，人物形象栩栩如生。】

可想而知，沟通彻彻底底地失败了。这时，一位职员走进了董事长办公室。

来的这位职员以为董事长劳累过度，精神出问题了，连忙把他送进了精神病医院。

而小猪们被人们四处追杀，准备送给屠宰场。

还好，小猪们因为经常被狮子班追逐，跑得很快，这才把人们甩了去。

【一场喜剧，圆满落幕。董事长进了精神病医院——当然是他的属下一时误会。小猪落荒而逃但安然无恙，让人高兴。故事基本结束，结尾怎么写？】

回到学校，小猪班再也不想改变现状了，因为他们觉得，比起人，狮子、老虎都算是很友好的了！

【结尾处为神来之笔，在不经意间对人类进行了有力讽刺，文章的主题得到了升华。】

综观全文，作品最大的特色是趣味性强。

首先是故事情节的趣味性。

在文章写作中，故事是艺术灵性，是想象思维和语言艺术结合的产物，而故事情节的趣味性，是很重要的一种审美评判标准。

动物过生日，动物找工作，动物运动会，动物谈恋爱，动物历险记，动物题材的好作文很多，但让小猪学说话，而且是跟婴儿学说话，然后贸贸然前往，想去驾驭董事长……这样的构思，这样的故事，别出心裁，有趣，好玩，让人边读边笑，读得兴趣盎然。

其次是语言的趣味性。

"哼！总有一天，我们猪会让他们刮目相看！"

"我们的外语课程中没有设置人类语言！"

"我们学会了人类语言就可以驾驭人类了。"

"咿咿呀！呀呀！""咿呀咿呀！咿咿！"

"猪山猪海""猪宇轩昂"。

以上精彩语言，个性鲜明，生活气息浓郁，幽默风趣，在呈现生活场景、刻画人物性格等方面，都发挥了很好的作用。

读好玩的书，写有趣的文。有趣的故事，有趣的人物，这趣味之中，有生活的再现和创造，有作者的审美品位和追求，这是一种值得倡导的好文风。

无疑，这也是高分乃至满分作文的写作秘诀。

（2024 年 7 月 28 日写于张家港菜园）

2. 动物学校选举三好学生

　　阅读提示：动物题材的写作，难点在哪里？一半是动物本性，一半是人性！而成功的秘诀，就是能写出世态人情，写出人性的美好或者丑陋。

　　蒲松龄写的是鬼怪神仙的故事，为什么能成为旷世经典？

　　沈石溪的动物小说，为什么让我们读得荡气回肠？

　　动物题材的写作，难点在哪里？一半是动物本性，一半是人性！而成功的秘诀，就是能写出世态人情，写出人性的美好或者丑陋。

2023年8月12日，"老高私塾"的作文题目是"动物学校选举三好学生"，小作家汤恩卓的满分作文，很好地演绎了上述写作真谛。

请欣赏原文。

"哎，到那时别选老虎啊！"

"那必须的，我怎么会选他呢！"

……到了三好学生选举之日，礼堂里人头攒动，每个班都提前选了一名三好学生，共有五名，再全校一起选出三名来。

"下面是发言环节，请老虎、羊洋、呱呱、蚁蚁和露鹭依次上台发言。"熊校长宣布道。

"我叫老虎，我不仅成绩好，体育也很强，德智体全面发展，说的就是我！"

"我是羊洋，我品德很好，每年都把身上的毛捐给山区的孩子做衣服，论起品行啊，我说第二，没人敢说第一！"

"我是呱呱，我爱画画，也爱唱歌，跳远、跳水我最擅长！"

…………

"现在，开始投票！"熊校长说。

利用大屏幕，大家能看出五人的票数有多少。

"目前老虎领先。""目前呱呱领先。"投票器上的电子语音不时播报出"赛场"上的情况。

这时，奇怪的一幕出现了，老虎的票数突然不涨了，羊洋超过了他。"哈哈，计划成功了！"羊洋暗喜道。

不承想，校长早已在投票器上安了脑电波感应器。一下子，羊洋的想法出现在了大屏上，大家一片哗然。

羊洋只得承认道："我拉拢同学，让他们不投老虎，我没有遵守选举规则，自愿退出选举。"接着，羊洋的票数归零，羊洋本人也下了台。

老虎的票数又恢复了，他又成了第一。正当大家认为尘埃落定时，老虎、呱呱、蚁蚁的票数突然一落千丈，露鹭的票则如搭上了火箭，一路猛涨，涨到了一万多张！

"票数过多，疑似作弊。"投票器播报道。

正在大家都疑惑不解时，电脑老师猴老师带着一只小狐狸与一名保安走了进来。猴老师说道："我在后台监控着网络，突然发现学校机房中编号为D3081的电脑入侵了投票器的显示屏，我和保安便到D机房检查，发现了胡狐。"

"校……校长，是……是……是露鸶叫我这么干的。"胡狐突然说道。一旁的小刺猬也帮腔："没错，胡狐和露鸶都是五班的。"

熊校长说："露鸶，你也得下台了。老虎、呱呱和蚁蚁，你们虽然排名不是第一，但坚持不作弊的动物才能当上三好学生！"

高科技知识助力故事的构思设计，情节十分精彩。校园不是真空。三好生选举中的不正当竞争，是社会不良风气的折射。羊洋和露鸶的恶劣卑鄙，讽刺的正是人性的丑陋。

不正当手段主要表现为物质收买和武力威胁。

"你不是喜欢那个钓鱼游戏机吗？投了我的票，游戏机和金枪鱼肉干，我都送你！"

"咱俩是好兄弟吧，我是不是挺优秀？投我一票，我给你买你最喜欢的狗爪派对周边（一种游戏）！"

"三好学生评选时必须给我投票，不然，我的拳头可不答应！"

"狮子和老虎在一边不满地叫道：'喂，你们这群小不拉几的东西配吗？看看我们，都是森林之王，一会儿谁不投我们当三好学生，谁就是我们的点心了！'"可怕啊！

自由写作，作文没有禁区。我鼓励孩子，可以歌颂高尚美德和光明磊落，也可以揭露阴暗、卑鄙和丑陋，生活本来就是多姿多彩的。

班级里群英荟萃，竞选班长真是神仙打架，而且相互推荐，介绍同学的长处。于是，优优在文章结尾写道："大家都很棒，都能发现别人的优点，在你们这堆好孩子里选班长真是难上加难。不如这样吧，你们都是好班长，你们要做到的，就是管好自己，明白了吗？"立意积极，给人良好的思想引领。

田田的笔下，班长选举的结果是这样的："不要吵了，不要吵了，大家都有各自的特长，各自的短处，你们都很厉害，大家还是不要评选班长了，我们一起取长补短地学习别人的长处，补足自己的短处，大家都很棒！"

这样的结果，出人意料，但也在情理之中，一个光明的尾巴，让文章主题得到升华。

构思巧妙，故事好看，主题有社会意义，这是写出高分作文第一位的艺术能力，而精彩生动、富有个性的优美语言，也是超越他人和超越自己的基本条件。

再看其他几位作文高手的精彩描写。

我行动敏捷，捕猎是一把好手。长相还呆萌可爱，这班长非我莫属。

我可是中国国宝，没人不喜欢我。我不但长相没得说，战斗力也爆表，咬合力比狮子还大，几十米高的树我几下就爬上去了。以前我还是蚩尤的坐骑呢，厉害吧，我必须是班长！

我可以通过心情变色，还有长长的舌头，那是我最好的捕食工具。

我的外表十分帅气，尖利的狼牙，勇敢的内心，还有智慧的大脑，都是我一招制敌的武器，我才是最适合的人选。

8月11日的作文题目是"动物选班长"，两个题目其实属于一个类型，构思和写法都可以沿用。田田对动物真够了解的，对话描写个性鲜明，幽默风趣，让人忍俊不禁，有才！

公鸡先说："我天天早上辛辛苦苦地叫你们起床，你们才天天准时到校，没有一次迟到，你们难道不该选我当三好学生吗？"

"喂，喂，喂，公鸡大哥，你可以啼叫，还不是我们母鸡生出来了你？"母鸡在一边直跳脚，"三好学生应该给我！"

淇淇的语言有童趣，有生活，好玩！

连二年级升三年级的小弟钱一硕，也不甘示弱："山羊老师说，这次考试你们是用脚写的吧？这么差，三好学生选不出来了！"

阅读欣赏孩子们的美文，孩子们高兴，高兴得眼睛闪闪发亮。我也快乐，乐此不疲！

（2023 年 8 月 14 日写于张家港菜园）

3. 动物运动会

阅读提示：有一个高分作文的写作秘诀，叫一半是生活，一半是想象。

写作文离不开生活经验，也离不开一定的想象联想能力。我常常告诉同学们，有一个高分作文的写作秘诀，叫一半是生活，一半是想象。

今天，我们以"动物运动会"这个题目为例，给大家讲讲这个十分重要的写作方法和创作秘诀。

在我的"老高私塾"里，这是一个传统保留题目，好作文和精彩的片段很多。

有一个同学写道：

乌龟和黑熊等动物一起参加"不可思议运动会"的飞行比赛。乌龟身上背着一个喷火助推器，每小时可以跑一万公里。黑熊穿着纳米飞行服，这件纯白色的衣服上，布满了纳米电风扇，这些风扇启动后，黑熊就可以在空中自由飞翔。还有花猫，头上戴了一个光圈，那是超级磁铁，磁铁利用地球引力，可以把花猫带入天空。

你看，乌龟背着喷火助推器，黑熊穿着纳米飞行服，花猫头上戴着磁铁，这些都是想象的产物。但是，喷火助推器、纳米飞行服、磁铁、地球引力等，又都是生活中存在的东西。小作者把生活和想象联系了起来，结合在一起，笔下生花，令人叫绝。

六年级男生小马写道：

"不可思议运动会"有一个水中跑步比赛。老虎穿上了滚轮鞋，在水里比在陆地跑得更快。豹子脚上的强劲鞋，可以释放一圈空气墙，让脚保持干燥。还有"陆地游泳"项目：可以在地上安装强力风扇，把动物吹到半空，再在空中游泳。

后生可畏。水中跑步、陆地游泳、滚轮鞋、强劲鞋、空气墙、强力风扇，都是闻所未闻的东西，让我们眼界大开。一方面，如此非凡的想象夸张，令人叹为观止；另一方面，这些描写，这些内容，又很接地气，充满生活气息，好像就发生在我们面前。

我们再继续欣赏。

在动物趣味运动会上，由小蚂蚁组成的咸鱼队和躺平队对决，看谁能搬运五百吨的货物。

【啊？蚂蚁搬五百吨的货物？不可能！这不是天方夜谭吗？】

【哈，各位，别急，我们的壮壮同学自有妙招。】

比赛开始。咸鱼队这边互相确认眼神，只见突然白雾漫天飞舞，变，变，变！一眨眼，小蚂蚁一个个都变成了两三层楼房高的大力士。这时，它们举起五百吨的货物，就像举起一根羽毛一样轻了。

【躺平队输了吗？没有！你能变，我也能变。你把自己变大，我把物体变小！它们施展万物变小魔法，五百吨的东西一下子就像一个火柴盒一样小巧了。】

怎么样，让人惊掉下巴的奇特想象吧！让人不敢眨眼的神奇魔法吧！

作文就是生活，作文就是想象。一半是生活，一半是想象，精彩异常的故事，生动到家的描写，这样的文章就一定能得高分甚至满分了。

请大家注意，这里出现的，其实是两种高级的想象方式，一种是高科技想象，一种是魔幻式想象。一个有科学家的天赋，一个有魔法师的本领。

神奇的动物运动会，给了同学们施展写作本领的舞台。现代高科技的、传统魔法式的、大胆奇特的、匪夷所思的、让人脑洞大开的，各有巧妙，精彩纷呈，令人目不暇接，看得大呼过瘾。

小熊用上了哪吒同款风火轮。

汪汪小狗在鞋子里安装了加速器。

我坐上超音速滑板，来到了 20 年后的母校参加校友运动会。老师都是机器人，平板电脑就是课本和练习册，操场……

小狮子参加跳高比赛，穿上定制的太空服，带上通讯器，一下子跳出大气层，进入了太空，还能和地面保持联系。

我吃了神药，参加飞行比赛，我能听懂鸟语，听到飞翔中的小鸟都在用普通话为对方加油呐喊。

小羊参加动物智力运动会，一颗神药，让小羊穿越到清代曹雪芹家里，和他面对面交流谈话。一会儿，小羊又来到大观园，和贾府的姐姐妹妹们一起玩耍，和林黛玉比赛写诗。

另一个同学也是写动物智力运动会。他说：

在动物智力运动会上，小猫用上了脑机对接技术，飞进了猴老师耳朵里，又钻进猴老师的脑子里，想听听老师是怎么想的，为什么动不动就让我们考试，为什么一天到晚布置没完没了的作业，又为什么总是板着脸对我们发火？

　　看到了吧，科学和高科技的手段，魔法和超自然的神奇，和跳高比赛、智力运动会、大观园、现实中的校园学习生活等，你中有我，我中有你，思绪飞扬，文采斐然，满分作文的诞生就是水到渠成的事情了。

　　请记住，有一个高分作文的写作秘诀，叫一半是生活，一半是想象。

（2024 年 2 月 20 日写于张家港菜园）

　　　　　　　　教学生写出高分作文：特级教师的作文教学秘诀

4. 动物求职记

阅读提示：要学会讲故事，要写出好故事，关键是制造矛盾、设置障碍，然后巧妙地去化解矛盾、排除障碍，结局最好又是超越常人思路的，给人意外或惊喜的。

儿童作文，会讲故事是第一位的。

故事刺激好玩，让人读得或心口发慌，或眉开眼笑，再加上文字流畅，就是好作文。

在会构思、会讲故事的基础上，如果还有思想，有一点生活哲理的思考，这样的作文就是作品，这样的写作就是文学创作。

东东，大名钱浩东，今天写的《动物找工作》，是一篇很不错的作品。

请欣赏这位刚读完四年级男孩的满分作文。

"老鸭，找到工作了吗？"一只大白鹅问一只鸭子。

"没有啊，你呢？"

"我也没找到！"

最近，动物城大部分动物都丢了工作。因为这些动物都是上一天班，至少半天都在偷懒。原来，蜗牛去做了快递员，鲸鱼去表演节目，老虎去教幼儿园的小朋友……

一群没有工作的动物围在一起，大家互相畅想着自己未来的工作，相互提出建议，但大部分都没同意，没如愿。

有让蚂蚁举杠铃的，有让狮子当幼儿园老师的，有让狗去扫厕所的，更可恶的是，还有人让大象踩高空绳。

谁都提建议，但谁都没同意。

最终大家都散了，找自己的朋友去了。

这时老鸭接到了好朋友白鹅的电话。

"喂，老鸭，我是白鹅！我这儿有一份高薪工作，上午十点上班，下午三点下班，我听说你被炒鱿鱼了，所以我来找你了，你来不来呀？"白鹅有点不怀好意地说道。

"那必须来！谁让咱们感情那么深呢。"

与此同时，其他小动物也在好朋友的帮助下找到了适合自己的工作。

老虎去鬼屋当"鬼"了，小猫去幼儿园当老师了，大象去举杠铃了，屎壳郎去"扫"厕所了……所有的动物都找到了工作！

那我们的主人公老鸭呢？

老鸭去了白鹅工作的地方，你是不是以为老鸭也会找到工作？

不！老鸭被骗到了缅北。

"哎，好奇害死鸭呀！果然，感情才是世界上最残忍的东西。"

"快，打电话！"

（2023 年 8 月 17 日写于"老高私塾"）

一个好故事的经典结构，通常是一种怎样的模式呢？开头是问号，制造悬念，引发好奇；中间是逗号，解决问题，又生出新的矛盾；结尾是惊叹号，问题解决，给人惊喜和赞叹。

东东的作文，开头就写老鸭和大白鹅找不到工作，落笔便是故事，便是矛盾，便是问号。

接着，在中间部分，东东用十分幽默的笔调，写动物城动物们工作的种种怪相，写失业的老鸭接到白鹅电话，给他介绍工作。好像是解决了问题，谁知新的问题、新的矛盾已经潜伏其中。

结尾给了大家一个大大的感叹号。老鸭被骗了，被骗到了缅北——小作者关心大社会，还知道缅甸北部和中国人的故事——给大家一个意想不到的结局。

全文围绕找工作这个中心写，故事情节脉络清晰，线索分明，是典型的上述三阶段结构，小作者真是一个讲故事的高手。

更加可贵的还在这句话："果然，感情才是世界上最残忍的东西。"这简直是石破天惊，振聋发聩。这哪里是一个四五年级孩子说的话，分明是一个饱经沧桑、看破红尘者的人生感悟。作为文眼，这句话让文章里所有的文字一下子都有了思想，有了精神，有了不一样的灵魂。小小年纪，有如此认识和表达，真是后生可畏。

龙弟的作文，在构思上有异曲同工之妙。

猪百万是家族里最瘦的了，可是用人单位还是嫌他太胖。正在猪百万愁眉苦脸的时候，终于接到了人才市场老板的电话，让他晚上十二点去面试。

矛盾解决了？结局圆满了？没有！这时，想不到的事情发生了：猪百万离奇失踪！明白人都明白，人才市场黑心老板把猪百万绑架并宰杀了！

真是江湖险恶，人心不古。工作没找到，反丢了性命。

汤恩卓也是故事大王：

小猫咪咪、松鼠松松、孔雀丽丽去红苹果便利店应聘。他们各有特长，都很优秀，录用哪一位好呢？店主羊先生便心生一计，先让他们试用上班，然后安排母鸡咯咯等装作顾客，考验他们的工作态度和能力……

要学会讲故事，要写出好故事，关键是制造矛盾、设置障碍，然后巧妙地去化解矛盾、排除障碍，结局最好是超越常人思路的，给人意外或惊喜的。这样的文章，才能出奇制胜，让人叫好！

（2023 年 8 月 18 日写于张家港菜园）

5.动物美容院

阅读提示：作文是一种伟大的创造能力，而作文的创造往往是想象的产物。想象可以思接千载，天马行空，但不能离开人间烟火，想象也要接地气。

作文就是生活，作文就是故事，作文就是想象。心中有想象，下笔如有神。

作文是一种伟大的创造能力，而作文的创造往往是想象的产物。

"动物美容院"，动物也搞整形美容？有趣，好玩！怎样写好这个题目，怎样写出高分作文？我今天讲解的写作技巧是，想象也要接地气。

今天的满分范文，作者是张家港市白鹿小学五年级女生邱贝希。

请欣赏原文和我的点评。

动物美容院美丽的老板兔小姐，站在门口迎接顾客，她一遍又一遍地说着：欢迎光临，欢迎光临！

水牛女士走进店来，叹着气说："唉，兔小姐，我整日在田间干活，被晒得跟黑炭一样黑，要是有你这样白就好了。"

【老牛耕作，被晒得像黑炭，内容很真实，很接地气。然而，老牛也有爱美之心，这就是想象开花了。】

兔小姐一听，立马说："没事，我们这里有特制牛奶浴，洗一次，保你变白。"

"哦，那太好了！"水牛女士十分高兴。她来到美容房间，兔小姐准备好牛奶，加入药物，水牛女士扑通跳进了浴缸，悠闲地躺在里边。

水牛女士来了几次后，身体的大部分地方变成了白色，可是还有些黑的皮毛。新的毛色让水牛女士十分惊喜，觉得黑白结合好像更好看，便高兴地付钱离开了。

【让顾客洗牛奶浴使皮肤变白变美，有生活气息，好玩、有趣。这是动物美容院里的第一个故事。文章接着写第二个故事。】

今天，猫女士来了。她也一筹莫展，满脸忧愁。

兔小姐和猫女士是好朋友，看到她这副模样，便亲切地问："怎么啦，我的好姐姐？"

猫女士于是说："我一身洁白，自然是高贵的象征。可是我不喜欢，总觉得这样太单调了。我希望我四只脚上的毛是鹅黄的，尾巴尖和耳朵尖也是鹅黄的，我觉得这样更好看。当然，我知道，我这个要求太高，愿望很难实现。亲爱的，是吗？"

兔小姐一听，马上说道："最近我们买了一台新的仪器，或许它可以帮助你实现愿望。"

"真的吗？"猫女士高兴极了！

兔小姐解释说："对，我们的新仪器可以调节颜色。它是从基因上改变毛色，就是你掉毛以后，再长出来的毛色不会变的。同时，它对你的身体也没有任何刺激和伤害。"

【用现代高科技仪器调节肤色，满足个性化需求，而且是从基因上永久性地彻底改变毛色，还没有任何副作用，这样的美容仪器，这样的美容效果，是那么遥远又那么亲近，那么离奇又那么真实。大胆、奇特、夸张的想象，又和生活联系得那么紧密，我们都愿意相信它真的能够存在，能够出现，能够满足动物世界对美的渴望和追求。接下来，故事就顺理成章地美梦成真，皆大欢喜了。】

兔小姐带着猫女士走进了一个房间。仪器很大，猫女士有点胆怯地走了过去。仪器内好像也没有什么稀奇的，普普通通，一束红外线扫描在猫女士身上，她只觉得浑身暖暖的，痒痒的……

半个小时后，猫女士优雅地从仪器里走了出来。

现在，请你仔细看猫女士。脚、尾巴尖、耳朵尖，毛色从根部开始逐渐变黄。兔小姐说："再过半小时，就能完全达到你想要的效果了。"

于是，猫女士和兔小姐聊了起来。半小时后，猫女士照照镜子，高兴地几乎跳了起来，她太欣赏自己的新毛色了，她感觉现在的自己，简直拥有了倾国倾城的绝世容颜！

故事并不复杂，但内容有趣，基调欢快。美容，美颜，这样的题材，很真实，很时尚，很诱人。问题是，小作者写的是动物而不是人类。现实世界里，人类借助技术手段改变容颜已经司空见惯，而在动物世界里，这种事情还闻所未闻。本文凭借大胆奇特的想象，让这种不可能变为可能，想象离奇丰富，内容却十分真实亲切。作为写作技巧的想象，一旦和人间烟火接上地气，高分美文的出现就是情理之中的事情了。正是在这一点上，本文为我们提供了很好的写作范例。

再介绍一则课堂以外的经典材料。

在一个视频里，主持人找了20个大人和20个孩子，问他们同一个问题：如果能改变身体的一部分，你最想改变什么？

大人们的回答大多是：我想让自己的个子更高一点；我想让自己的圆脸变成瓜子脸；人们都喜欢大眼睛的美女，我希望我的眼睛变得更大；我的皮肤不好，我想换掉。如此等等，要的都是能让别人满意的自我。

然而，孩子们的回答却不同：我要一个鲨鱼嘴巴，这样可以吃得更多；我要一对翅膀，可以飞着去上学；我渴望长出尖牙和利爪，我想变成一只力大无比的霸王龙。

孩子们要的都是能让自己满意的自我。

然而，你发现没有，无论是大人还是孩子，他们的想象都立足生活，都没有离开脚下这片生活的土壤。

请记住，写作离不开想象，想象离不开人间烟火。

（2024 年 2 月 21 日写于张家港莱园）

6. 狗和手机的对话

阅读提示："狗和手机的对话"，是"老高私塾"的传统经典题目。题目中涉及的都是孩子们喜欢和熟悉的东西，有生活经验和积累，也有想象创造的巨大空间，所以佳作不断。

男孩汤恩卓今天第一次来上课，一小时，写了近1000字，准时交卷。走出教室，等在外面的妈妈问：写得怎么样？他爽快地回答道：文思泉涌！

妈妈笑了，笑得脸上开满了鲜花。

岂止文思泉涌，快速构思，一气呵成，下笔千言，没有一处涂改，几乎没有一个错别字，没有一个错标点，而且字迹秀丽，难能可贵！

这些还不是主要的，更令人欣喜的是他的写作才气。

请欣赏原文和我的点评。

小旺趴在地毯上，郁闷地翻来覆去，想，最近主人总盯着一块薄砖发呆，都不宠我了，这薄砖是什么来头？反正主人在睡觉，我不如问一下它吧。

"说，你是谁？"说干就干，小旺叼住薄砖，放到地毯上，爪子抵着薄砖，低吼道。

【用心理描写开头，落笔就是故事，就是制造矛盾。趴、郁闷、翻来覆去、盯、发呆、叼、抵着、低吼，用词精当，语言简练生动，文字功底非

同一般。】

【因为有了手机，宠物狗有点失宠吃醋了。文章用细致的对话描写，介绍双方的矛盾纠纷。】

"我？我可是上知天文、下知地理的手机啊。小狗，你不认得我？"

"那……你没来之前，主人对我百般宠溺，现在主人都不理我了。为什么？"

"我还想问你呢，我的同伴都在家里独享恩宠，就因为你，我始终没能成为主人的心头肉，我才怨你呢！"手机说着，还翻出聊天记录，"你看，主人用我的时候，都在朋友圈里炫耀你，你的项圈换三个了，主人还没给我买手机壳！"

【写到这里，我们应该考虑，矛盾如何化解，情节如何发展。如果让双方一味争吵，故事就没有新意了。我们的写作高手汤恩卓文思敏捷，马上设计了如下情节。】

"嗯……"小旺陷入了沉思：手机看来也不是什么坏东西，要不……

"要不这样吧。我看你也挺可怜的，不如我们连夜写一份倡议书，你存在文件夹里，明天你给主人看！"

"好！"

第二天，小旺的主人一打开手机，便惊讶地看见了一份文件：《手机与小旺的和平协议》。

请主人每天早餐前照看小旺，吃完早餐再看手机。

下班后，请主人合理分配宠爱小旺的时间，刷会儿手机放松一下。

总之，请主人同时宠爱小旺和手机。

手机　小旺

主人再往下翻，看见了一个狗爪和一部手机——它们俩的签名。主人扑哧一声笑了出来，将手机放到小旺身旁，严肃地说："小旺，手机，我同意你们的协议，但你们要知道，其实，我对你们是一样宠爱的，这份协议不提，我也会一样宠爱你们俩的。"说完，主人便离开了家。

【精彩！别出心裁的构思，别具一格的故事，让双方和解，矛盾得以转化，皆大欢喜了，文章可以结尾了？不，不！作者的高明还在后面。】

"看来，我们好像误会主人了，他本来就很宠爱我们。"小旺小声地说。

"等等，手机，你不该和主人一起上班吗？"

"啊？他忘带我了。他出门五分钟了，我空有一身本领，却没法追主人，怎么办啊？"

"我……倒是能赶上他，就是不知道他在哪儿啊！"

"没事儿，我有导航！"

这时，你要是在街上，就可以看到历史上少见的奇观：一只狗叼着一只手机，跑在街上，手机还在叫着什么，似乎在指挥那只狗……

就这样，小旺载着手机赶上了不知所措的主人，他没带手机，正在试图打车回家取。

"你们……太厉害了吧！"他惊讶得说不出话来。

"不过，"主人缓了缓神，"我想你们再也不用什么协议了，友谊的力量最强大！"

【用意外法，使故事情节有了新的变化和发展。狗和手机发挥各自特长，成功地帮助主人解决了困难。结尾借主人的话语，点出"友谊的力量"这个文章主题，给人以点拨和启发。】

全文的故事框架是，矛盾—和好—升华。构思巧妙，立意积极，而且行文自然流畅，如风行水上。

像汤恩卓这样的佳作，情文并茂，通篇美不胜收，就应该得100分！

"狗和手机的对话"，是"老高私塾"的传统经典题目。题目中涉及的都是孩子们喜欢和熟悉的东西，有生活经验和积累，也有想象创造的巨大空间，所以佳作不断，汤恩卓的这篇，是近年最优秀的美文之一。这次作文，优优、田田、东东、淇淇等也各有千秋，限于篇幅，不一一介绍了。

需要注意的是，我们的审美习惯是喜欢看善良美好的故事，就是写悲剧，写悲惨，写苦难，也要让人看到某些正能量的东西。有点遗憾的是，这次写作，有几个孩子的故事有悖如此常情。

让狗发泄怨气，把手机扔进水盆，扔出窗外。

狗把手机的屏幕撕下来，放在火里烧得粉碎，埋在土里。这还不解气，又挖出来，扔进马桶冲到下水道里，还送上一句：大笨蛋，再见！

太残忍了吧？有点语言暴力了。孩子，善良一点吧，作文的字里行间，要闪耀人性的光辉啊！

（2023 年 8 月 5 日初稿，7 日修改定稿于菜园）

7. 猫和鱼

阅读提示：写作，愁的不是没有生活，而是没有自我。大胆表现自己对生活的思考，对生活的热爱或批判，能够在一样的生活中写出不一样的文章，这才是真正难能可贵的写作高手。

在张家港市农联实小"沙洲湖文学社"的课堂上，我领着孩子们读完《红线的心愿》后，布置的作文题目是"猫和鱼"：

猫爱吃鱼却不能下水。鱼爱吃蚯蚓但不能上岸。如果有一天猫和鱼交上了朋友，会发生怎样的故事呢？请大胆想象，运用拟人和制造矛盾等构思方法，写一篇小童话。注意加强语言描写、动作描写、心理描写以及细节描写。800字以上。

这个提示和要求很重要，能帮助学生快速找到思路，编写故事。

题目贴近学生生活经验，题材的趣味性强，想象空间也大，应该能出好文章。果然，学生佳作让我惊喜连连。

值得总结分享的主要是以下两点。

第一，写好开头非常重要。

运动会的跑步比赛，起点处吸引的观众一定最多。为什么？重要，精彩，好看！

同样道理，我们看文章，总是从第一行第一段看起的。开头有文采，有描写，有故事，有悬念，就有了特别的吸引力。

也好比我们看一个陌生人，他给你的第一印象很重要，有了好的印象才可能和这个人深入交往。

文章的开头就如跑步比赛的起点，就像给人的第一印象。

我们的这只猫，从一出生到长大，一直有个愿望：吃鱼！吃鱼！吃鱼！他吃饭想着吃鱼，睡觉想着吃鱼，运动想着吃鱼……无时无刻，每时每地，他无不想着吃鱼。

有一只与众不同的猫，他善良、乐观、坚强。他只吃老鼠，从来不吃鱼。有一天，从来没有见过鱼的他，突然有了一个大胆的想法：我可不可以和鱼成为朋友呢？

"唉，好饿！能吃鱼就好了！"猫说。
"唉，好饿，能吃蚯蚓就好了！"鱼说。
"哦？"两人一想，"我们做朋友吧！"

"求你了，求你了，不要吃我！"
"为什么？这样吧，我实现你一个愿望，然后我就吃你。"

"有生之年，请让我吃一条蚯蚓吧！"这是来自一条鱼的心愿。

朱羿萱、邬晓语、余宇轩、吴思彤、顾旻怡，落笔便是描写，便是故事，便是悬念。看了这样精彩的开头，就会有往下读的迫切心愿。

而且，他们的文笔优美，语言精彩，让人惊喜。从句型上看，有祈使句、反问句、感叹句、长句、短句、无主句等；从修辞手法上看，有拟人、排比、反复、复沓、幽默等；在对话描写中，语气词、标点、提示语、分段等艺术手法运用自如。

特别是对话描写，很能体现写作功力，这几位同学让人刮目相看。

故事有新意，主题有意义，这是写作成功的第二个秘诀。

题目和题材都一样，生活对每一个人都一样，文章却应该是不一样的才好。这里，关键是对生活要有独特的感悟和发现。

小猫阿莉从来没有和别人交过朋友。大鱼小杰有好几个朋友，愿意把阿莉介绍给大家。阿莉非常高兴，又担心自己是猫，怕小杰的哥们儿会害怕自己。

于是，小杰告诉她："不怕啊！你知道吗，阿莉，这几天，我一直在暗处看着你，你可受欢迎了！什么鸟啊鱼啊虾啊猫啊狗啊，你一来，他们都不害怕，都说你可和善啦！"

他们俩交上了朋友。可是，第二天，阿莉刚要去河边找小杰玩，却发现有几个大人和小孩在河里捕鱼。阿莉心里咯噔一下："糟了，小杰有危险！"她在心里默默呼唤着小杰，祈祷着他不要有危险。

"他会不会被抓住了？是已经被吃了，逃亡别处了，被别的鱼赶出了这条河，还是被涨了的河水卡在岸上下不来了？……"她闭上眼睛，想要把坏结局都赶出脑袋！

她心一横，转身跳入河中，冲向人群中的一个小孩……阿莉用爪子挥出片片仇恨与无奈，但她的小杰还是……

感人的悲剧，感动天地的故事。为了友情——也许是爱情，就应该奋不顾身，就应该义无反顾，这才是优秀品质甚至是伟大的灵魂。

我相信，能写出如此故事的杨淑惠同学，内心一定是柔软和善良的。

同样是六年级的同班女生，朱羿萱的故事又是另外一种构思，也别有一种风格和滋味。

自以为聪明的猫，帮助鱼吃到了蚯蚓，而且他每天给鱼送来蚯蚓。

那条鱼游了过来，欢快地吃起来，嘴里还说："朋友，你真好！今后你就是我鱼鱼的铁哥们儿，最铁的！"

但猫呢？猫是表面友善，内心却藏着一个邪恶的念头：把鱼喂肥了，把鱼吃掉，饱餐一顿！

文章结尾很悲壮，也很令人玩味——

"宝贝，别心软！"猫妈妈对儿子说，"那鱼是越来越肥了吧，干脆，把它吃了，就今天！"

这一天还是来了。

猫还是捉了一条蚯蚓带给鱼。

"对不起，谢谢你！"

"嗯，哦，不用谢，没有什么对不起。我……我……我要吃了你！"

"吃了我？吃呗！我早知道了。但我还是要谢谢你！"

猫有点不忍心了。

"别心软！"鱼一跃而起。

猫还是一口咬住了鱼。冰冷的牙一口刺穿了鱼，流出了冰冷的血。

猫喃喃道："原来，鱼不好吃！"

自此，世界上多了一只疯猫。

同样是悲剧，但写的却是人心险恶，是恶有恶报。

都是好文章，都特别出彩。写的是猫和鱼，其实是在表现自我的生活感受和生活愿望。

写作，愁的不是没有生活，而是没有自我。大胆表现自己对生活的思考，对生活的热爱或批判，能够在一样的生活中写出不一样的文章，这才是真正难能可贵的写作高手。

祝贺杨淑惠、朱羿萱、顾旻怡等写作高手！

送大家两首日本女作家金子美铃的小诗——

我是小金鱼／住在池塘里／游过来游过去／总是不适应／努力游努力游／

游过小河 / 一天又一天 / 到了大海边

向着明亮那方 / 向着明亮那方 / 哪怕一片叶子 / 也要向着日光洒下的方向 / 灌木底下的小草啊 // 向着明亮那方 / 向着明亮那方 / 哪怕烧焦了翅膀 / 也要飞向灯火闪烁的地方 / 夜里的飞虫啊 // 向着明亮那方 / 向着明亮那方 / 哪怕只有分寸的宽敞 / 也要奔向阳光洒满的地方 / 都市里的孩子们啊

诗用形象和意境表达思想，小童话用故事和人物表现自我，在主题上，这两首诗，和《红线的心愿》，和朱羿萱他们的美文《猫和鱼》，有异曲同工之妙。

（2023 年 11 月 1 日写于张家港菜园）

8. 两只猫

阅读提示：两篇满分作文，两种构思艺术和文字风格，但都有一个共同的主题——苦难，苦难中的人性。

有一位古人说过这样的话："读诸葛亮的《出师表》而不堕泪者，其人必不忠。读李密《陈情表》而不堕泪者，其人必不孝。读韩愈《祭十二郎文》而不堕泪者，其人必不友。"

凡至情至性的文字，都能触动人的内心深处。郭圳轩和何宁馨的同题满分作文《两只猫》，都是能够触动读者内心深处的佳作。

想不到，郭圳轩写这类情感题材的文章，竟是如此驾轻就熟。

请欣赏原文和我的点评。

他和她，公猫和母猫，在同一个屋檐下生活很久了。面对爱神的提问，他坚定地说："我爱她！"

而她呢？她毫不犹豫，很干脆地回答："不爱！"

"他是黑猫，我是白猫，我不希望我的孩子是杂色。"母猫犹豫了一下，叹了口气说。

【设置障碍，制造悬念，故事才好看。郭圳轩把这种技巧运用自如。】

"那如果你们不在一起，两人中就得死一个，你会怎么做？"

爱神又抛出了第二个问题，而且是一个十分残酷和很难回答的问题。

她抢着说："我……愿意成为死的那个！"

"听到你爱人的心声了吧？你现在还爱她吗？"

"你好狠啊……"他的声音仿佛在颤抖，又好像在啜泣。

"爱！为什么不爱！我单相思行了吧！她不愿意爱我，但我还是爱她！"他的话像是在嘶吼，又像是在哭诉。

一波未平一波又起。"那如果，我能把她变成你的奴隶，你愿意吗？"这是爱神的第三问，也是拷问公猫灵魂的一个难题。

他的瞳孔猛地一缩，怔住了。

他的内心仿佛在被撕裂，痛得刺骨。他抱住头，灵魂也似是要爆开。

他真的太渴望拥有她了，甚至到了疯狂的程度。可是那样，他真的会快乐吗？他问自己。

把一个不爱自己的爱人强行变成自己的奴隶，这种事他真的做得出来吗？

"我不屑。"他回道。眸中泪光闪动。

【心理测试，情感煎熬，心理描写，每一个字，每一句话，都在敲打着读者的灵魂。】

【故事进入更精彩的高潮了。】

"那么，你们两个人中今天只有一个人能活着，谁愿意为对方死？"

说着，一把刀凭空出现。

不等她反应过来，他便一把夺过刀，猛得刺向了自己。

"不！"她发出了一声震天的悲鸣，目眦欲裂。

【发生悲剧了吗？公猫死去了吗？没有，没有！】

时间在那把刀即将刺中时停止了，化为了无数金色光点。

光点在他的周身舞动，仿佛一个个小精灵，慢慢地，他黑色的毛发变成了纯白。

"你爱着她，她也爱着你，唯一阻隔你们的不过是种族和外貌。现在，你们可以永远在一起了。"

作者的高明在于，借助超自然的神奇力量，解决矛盾，消除障碍，有情人终成眷属，读者始终悬着的一颗心落地了，化险为夷，皆大欢喜！

本文最大的艺术特色是制造矛盾冲突，然后又用奇特神奇的想象解决问题。情节一波三折，高潮迭起，但最终峰回路转，山重水复疑无路，柳暗花明又一村。

郭圳轩啊，你太会写了，太能写了，微型小说，构思巧妙，立意积极，语言精妙，人物形象鲜明，给读者留下了特别深刻又美好的印象。少年才俊，未来可期！

文学的最高境界是诗，写作的最高境界，就是把故事和思想情感写得像诗。

这是我读女生何宁馨作品的强烈感受。

他们在街道上毫无目的地走着。他和她，他们是两只猫，两只流浪的猫。他长得很结实，目光炯炯，是一只年轻有责任感的猫。她全身雪白，毛是利落的，个子小巧，有一种小南风般朦胧的雾气，有一种优雅的姿态，大概是因为她原来是一只高傲的家猫吧。

【落笔外貌描写，语言有诗情，形象有诗意。】

"你还好吗？"她早已失去了曾经高傲的态度……

"我很快会好的，你不是说你感觉离家很近了吗？"

母猫没有回答，因为她许久没回家，她只是觉得这个城市很眼熟，她前几天似乎在商场门口看到了自己的小主人，但是如果真是她，小主人还记得自己吗？

【一半是生活，一半是想象，一半是真实，一半是虚构。这是我念兹在兹的写作秘诀。然而，这里的描写就很难说得清是真实还是虚构。怀旧念旧，留恋过往，重情重义，是写动物，反映的却是人类的情感。诗一般的语言描写，给人特别温馨的感觉。什么是诗？诗就是想象和情感。】

"我还从来没有想过，猫也可以住在那么大的房子里。"

"我之前住的房子可大了，有三层呢，主人待我也不错，还给我买了好多装饰品，帮我打扮呢，假如我们真回去了，主人肯定会收养你的，她是一个好人。我跑丢了，小主人一定很难过。不过我不后悔啊！不是还遇到了你嘛！"

公猫听完母猫的话，眼里充满了自信的光。

【生活气息，家庭温暖，人世真情，每一个字，每一句话，都有着温度和色彩，这是作者文字修养的成功表现，也是人格胸襟的自然流露，可喜可贺。】

一年前的那个晚上，他在公园中走着，突然听到了一声惨叫，正是母猫发出的。她蜷成一团，许多野猫压在她身上咬她。看来他们在争抢食物，从前衣来伸手、饭来张口的她并不懂得如何保护自己或者进行有效反抗。

他是一只有正义感的猫，他冲上去不一会儿便把其他令人厌恶的猫赶走了。之后，不管他到哪儿，她也走到哪儿。他们逐渐成了朋友，不可分离的朋友。

【插叙。英雄救美，相遇，相识，相爱。故事有点老套，但情感自然真切。】

【结尾十分感人。】

又是一天过去了，两只猫并肩坐着，望着夕阳西下。天空从淡黄转为淡红，再逐渐黑暗。望着天上的星，母猫靠着公猫睡着了。梦中，她梦到他们回到了温馨的家……公猫溺爱地看着母猫，眼前是他向往的场景：他们生活在三层的大房子里，不用担心风雨交加的天气，不愁没有东西吃。

想象还在蔓延，生活还将继续。

读这样的结尾，看着这个动物题材的故事，我总会想到人类生活，我的脑海里，总会浮现出这样的场景——

在贫穷的农村，在苦难的山区，有一群衣衫褴褛的少年，赤着双脚，脸上挂着眼泪和鼻涕，在无家可归的野外流浪，流浪……

苦难，苦难，苦难中依然对生活充满渴望，依然对未来充满憧憬，依然让幸福、美满这些名词成为继续生活下去的精神力量。何宁馨没有让我们一

教学生写出高分作文：特级教师的作文教学秘诀

味感觉悲伤，作品有一个光明的尾巴，有一束照亮前程的阳光，构思的巧妙正在于此。

感谢何宁馨写出如此好文，美文。感情纯美，美得让人心醉不已。语言优美，美得让人回味无穷。

两篇佳作，构思和故事不同，语言和叙事风格不同，但有一点是共同的：苦难，苦难中有着美好的人性！

感谢郭圳轩，感谢何宁馨。

感谢大男孩俞越。俞越的构思实在是太有个性了：把两只猫写成是道光皇帝的宠物猫，并且因为外敌入侵，两只猫被迫分离。公猫留在中国，成了无家可归的野猫，四处流浪，流浪。而母猫却被掳到英国，成了女王的新宠，尽管住皇宫，享荣华，她却没有一丝一毫的幸福可言，她一生渴望归来……

想象没有天花板，俞越的故事奇特新颖，构思真是绝了，小小少年，如此才华，后生可畏。

孩子们，今天能写出好作文，创作好作品；明天，你们一定能在生活中书写美好，创造幸福。

（2023 年 9 月 28 日写，30 日修改于张家港菜园）

9. 一只猫的苦恼

阅读提示：写作的难度在于，要写出"苦恼"的社会背景和社会意义，为读者提供生活或人生启迪。

给出这个题目，我就预感到，一定会有特别亮眼的美文。

因为猫是学生最熟悉也是最亲切的动物，构思创作故事容易上手。

还因为审题难度不大。苦恼是文眼，是线索和重点。

苦恼，就意味着有矛盾，有障碍，有不顺心。那么，有什么苦恼，具体遇到了什么麻烦，怎样克服，如何解决，就是构思立意的基本思路。

写作的难度在于，要写出"苦恼"的社会背景和社会意义，为读者提供生活或人生启迪。

请欣赏张家港市第二中学初二男生郭俊霖的杰作和我的点评。

在一所漏风的房子中，一个人抱着一只猫蜷缩在床上。那个人很穷，穷到连买柴火的钱都没有，当然，他也没有钱去修那所漏风的房子。

【介绍主人公的生活背景。贫穷导致苦恼，动物和人是一样的。】

过了一会儿，主人冒着寒风睡着了，只剩下了小猫。饥肠辘辘的猫知道家中没有任何吃的，便准备出去碰碰运气。

【出去碰碰运气，运气如何？情节开始展开了。】

猫走在大街上。寒风如同刀子一般扎在它身上，扎得它睁不开眼。

【饥寒交迫，双重苦恼。作者文笔好，细节描写时用词精准、生动。】

在这么冷的天，行人都急着赶路，哪有人会分出心思去看一只猫啊？

【文字看似心平气和，但平静的语气背后，分明有着对这个冷漠世界的不满和怨愤。】

走了好久，它才得到了一点食物，最多算是安慰一下饥饿的肚子。

【语言幽默，但这种幽默让人心酸。】

【接下来怎么写？继续写苦难，写苦恼？作者的高明正在于，不按常规套路出牌，不按原有思路发展，要有变化，要有意外，这样的文章才好看，才更能让人思考、回味。】

猫走到一所房子前，透过玻璃，眼前的一幕让它惊呆了：这是一所金碧辉煌的房子，装修无比奢华……

房子中的壁炉里装满了木柴，火焰不停地燃烧，把温暖洒向了房子中的每一个角落。

【猫遇到了富贵人家，这里的环境叙写，和上文形成鲜明对比，字里行间充满羡慕的情感。是的，羡慕。这就暗示情节发展的方向了。】

阴差阳错下，它敲了敲那气派的大门。开门的应该是女主人。

"呀，好可爱的小猫呀！"在女主人说话的同时，它用脑袋蹭了蹭女主人的手，看样子女主人并不排斥它。

【蹭手表示亲昵和靠拢，表示愿意投奔的意向和试探。你看，细节描写多重要。】

【如果就这样结局，让女主人收养小猫，小猫从此过上好日子，没有波折，没有对照，作品的味道就显得有点寡淡了。作者很高明，又把小猫的老东家请了出来。】

忽然，小猫耳边传来它主人的呼喊，"小洛——你在哪里啊——"

小洛是它的名字，是它主人给起的。

它明白，主人一觉醒来发现它不见了，特意出来寻找，想把它带回家。但是它受够了那个地方，它一直为着吃、住而烦恼。现在机会摆在它面前，错过，可再也遇不到了。

【心理描写十分细腻、真切。走还是留？选择亲情还是选择富贵？猫的内心有点纠结，但意向已经明确。】

想到这，它一狠心，跟着女主人走进了房子。只剩下它的主人孤零零地在风雪中寻找……

【文章结尾很有点余音绕梁，"一狠心"是神来之笔，充满强烈的感情色彩。嫌贫爱富，背叛主人，人物形象一下子显得特别生动饱满。最后一句很有画面感，令人同情歔欷，令人无穷回味。】

写猫，也是写人。现实生活中，这样的人还少吗？写猫，也是写社会，反映贫富不均，讽刺社会世俗，这样的主题有生活的教育启迪意义。

小才女孙夕越是这样写的。

一只黑猫嫌自己长得丑，有着严重的容貌焦虑。

它的好兄弟对此看法不一。有的肯定，说黑色隐蔽性强，方便捕猎食物。有的否定，说黑猫更容易被弃养。

黑猫听信友人建议，去美容店做了整容，把自己整成了一只彩色的猫。

哪里知道，黑猫整容回来，遭到大家的一致批评、嘲讽，说它是变色龙，浑身上下是一点不搭的五颜六色，难看极了。朋友们都不愿和它玩了。

主人回来，瞠目结舌。主人不顾它的挣扎，把它摁在浴缸里使劲搓。它只觉得身上被搓得火辣辣地疼，最后又变回了黑猫。

【弄巧成拙，自讨苦吃。摁在浴缸里的细节描写，令人想笑又笑不出来。】

它的兄弟又嘲笑它说："看，你还是变回来了吧！"

"是啊，还是要做自己啊！"

【结尾画龙点睛：做自己！】

做自己，做好自己，做最好的自己，这就是自信，就是优秀，就是快乐。黑猫的故事带给我们成长的启迪。

故事精彩纷呈，巧妙各有千秋，但构思往往归于一致，都具有积极良好的生活意义和思想价值。

陈冠呈笔下的故事充满酸楚。

一只家猫，因为主人孤独老去而成了一只流浪猫。猫知道，老人有一个在外经商的富豪儿子，但儿子平时寄给父亲的钱却很少很少，没有尽到孝心，没有尽到赡养老人的责任，猫对此愤愤不平。为了替老人讨回公道，流浪猫踏上了寻亲之旅。

百般周折，历经磨难以后，流浪猫终于找到了老人的儿子。但此人根本不是什么富豪，而是马戏团里一个卖命求生的演员。平时也是从牙缝里挤出来一点钱寄给父亲的。猫见到他时，这位可怜的人正惨死在演出现场。

悲剧。猫也好，人也好，都值得我们深深同情。结尾怎么写？

结尾很亮，很美：让可怜又有正义感的流浪猫飞上天空，羽化升仙。作者很机智，没有让读者一味沉浸在痛苦之中，而是望着猫的飞天，得到了有点意外有点满足的安慰。一半是生活，一半是想象。一半是真实，一半是虚构。这样的文章才能吸引眼球，启发思考。

成鑫龙笔下，因为主人买了手机，家猫失宠而苦恼。最后知道，这是一场误会，主人喜欢手机，同时依然深爱着自己的宠物猫。

社会发展进程中，现代高科技时尚和传统生活方式，发生矛盾冲突，这样的故事，这样大大小小的悲剧，在今天的现实生活中，也是司空见惯，很有典型意义。龙弟用故事演绎了这个主题。

隆重推荐肖子涵的故事。

一只城市的流浪猫，一直为生存苦恼。

它想居住在桥洞，被倚强凌弱的同类驱逐赶走。

无奈，它跟着一个小贩混日子，又被城管打得头破血流。

最后，流浪猫在乡村找到了归宿，过上了安逸的生活。农村和田野，才是安身立命的真正乐土。这样的构思立意，很有时代意义。

或同情，或欣赏，或赞叹，或愤恨，总之，好的故事，连同背后的社会生活，都会成为我们内心深处一道深深的情感烙印。

（2023 年 11 月 25 日写于张家港莱园）

10. 蛇与绳

阅读提示：表现人性之美，才是写作百试不爽的秘诀，也往往是解读文学作品的一把十分灵验的金钥匙。

这是一种半命题写作。请你把蛇和绳子组成某种关系，构思和创作故事，800字以上。

对于初中生来说，这个题目有一定难度。难度不在于生活观察和积累的不足，而在于缺少对生活的感受和发现，缺少表现自我的愿望和勇气。

然而，何宁馨、肖子涵、郭圳轩等同学的美文，使我的担心变为了多余。

何宁馨没有写绳子，只写了一条蛇，一条孤独、痛苦、善良并且努力寻求自我解脱的蛇。她的故事和我的点评如下。

他，是一条蛇，一条孤独的蛇，一条善良的蛇。他不知道自己是如何来到这个世界上的，他只知道在这片广阔的草原上每一分钟都充满了危险。时不时就有一群人拿着东西捕杀自己以及同伴。他曾有许多同伴，可他们都遇难了，可为什么死的不是自己呢？

【用心理描写或者说是独白的方式，写主人公生活的困境和生存环境的险恶。落笔不凡，令人动容。】

他常常想着，每天提心吊胆地活着，实在是没有什么意义的。他生性善良，虽然长着尖锐的牙齿，却从不伤害无辜的生命，只是填饱肚子罢了。大概是因为他全身绿颜色中有一些黄色，不容易被人发现，才能活到现在。想到这里，他一声苦笑。

【字字血泪，控诉这不公平的生活和这不人道的世界。】

……确认安全后，他才悄无声息地爬出了这个救了他一命的洞。

他再次蜷成一团，陷入了沉思：他为什么要逃跑呢，他可以选择不逃的？被抓住后，就不用再过提心吊胆的日子了；自己也可以和从前的小伙伴们团聚了……现在，他活着，就表明他还得每天陪人类玩追杀的游戏，到底该怎么办呢？

【用心理描写写出对人类的声讨，对自由生活的渴望，真挚感人，催人泪下。】

最终，他的选择并不令人惊奇，他主动爬到人类的捕兽机上，选择了离开这个世界。

不过，他开心地笑了，这种生活也应该结束了。

世界就是这样，如此不公平！

这样的结局，出乎意料又在情理之中。主人公以自己独有的方式在抗议这个不公正的世界。悲剧就是把美好的东西撕开来展示给读者。一个初中生，对生活有如此细致的观察，如此深刻的认识，如此大胆的表达，堪称才高八斗。

再读肖子涵的满分作品，又是另外一种思路，另外一类悲剧。

他，是一条蛇。他没有名字，也没有人告诉过他的名字。可是他身上的色彩——新鲜而亮丽，低调而内敛，让人觉得舒坦。

【文章开头，语言干净洗练，强调主人公身份的普通，并且突出了色彩这个重点。然而，普通人却有着不普通的生活追求，这是全文的情节和思想线索。】

他与同伴出去揽食，见到了一根盘在地上的彩绳，以为是自己的同类美女。于是，他马上为自己只有一种颜色而自惭形秽不已。他想着，"我一定得做些什么来配上她才行"。

最有经验的老蛇指点他：把变成不同颜色的变色龙各吃一只，再把自己关在小屋里七天七夜，你就能拥有七种颜色，美丽无比了。

他真的这样做了。他真的变得七彩缤纷了。

有人赞美、羡慕，更多的人讥讽他成了不伦不类的非主流。

直到有一天，天下着雨。他突然发现，"她"根本不是什么蛇，"她"只是一根绳子。

他原来只是单相思罢了，他觉得自己是一个小丑。雨打在他身上，也狠狠地打击着他的心。他无法接受这个事实，他为"她"做出了改变，结果却发现自己竟是那个非主流的小丑罢了。

于是，他在某一天做出了一个惊人的决定，他嘴里叼着"她"，迅速地冲向山崖，势不可挡，一路而下，坠入深渊……

痛恨自己，内疚不已，因此惩罚自己，但代价太大。"生命诚可贵，爱情价更高，若为自由故，两者皆可抛。"可惜，他用生命代价换来的不是自由，而是自我的毁灭。不足取，不应该。但作为一个自我毁灭的悲剧，也有成功和可取的地方。文学作品，就应该写出人的困境，写出困境和苦难中各种各样的人性的表现，从而给读者带来思考和启迪。本文的悲催故事能够提醒我们，如何认识自己，如何认识他人，如何与生活和谐相处，这是非常重要的人生课题。

小才子郭圳轩的《蛇与绳子》，着力刻画的是一个充满生活渴望的悲剧形象。

他是一条普通的碌碌无为的蛇，残酷的现实早已磨去他的棱角，他变得有点百无聊赖了。

然而，有一天，回家的路上，他无意间瞟到了一个奇怪的家伙，长长的，细细的，在原地盘成一圈。他认定这是同类。他嘲笑这个伙计："一身泥污，从上到下破败不堪，颜色也是难看的棕色！"

然而，他很快又自嘲了起来。

"我也比你好不了多少，活了这么久，我甚至连生存的意义都没找到，每天麻木地活着。"

他忽然同病相怜了起来。他忽然有遇到知音的感觉："老兄，说话，你是从哪里来的？老兄！老兄！"

这位绳子老兄当然不能也不会回答。

"哦，你不愿意说话就算了吧。不过，看你的样子，也应该吃过不少苦，是个有故事的人物吧？朋友，哥们儿，我能理解你。想当年，我是多么骄傲自大，可现在我一想到过去就觉得自己是个傻子。唉，唉，命运弄人啊！"

【语言描写很有个性，生活气息浓郁扑面。一个饱经沧桑、哀叹命运不济、造化弄人的小人物形象仿佛就站在我们眼前。】

【高山流水，千古知音难觅。此时此刻，我们的主人公，一个社会最底层的渴望拥有友情友爱的小人物，向对方，也是向生活，发出了强烈的呼唤和请求。】

"说起来，我们也算是一类人了吧？交个朋友？你要是愿意，以后我们就可以经常在这里聚聚聊聊，怎么样？嘿！你不说话，那就这么默认了！"

"交到朋友的感觉真不错！"因为对于友谊和爱的渴望与追求，他的生活又充满了无限希望。

可是，可是，唉，黑夜里，一道影子猛地一闪，从空中俯冲而下……一瞬间，尖利的鹰嘴直接没入了他的天灵盖。他抽搐了一下，就再也没有动静了。

【结尾诗一般的语言，意味深长。】

只是从此以后，不管刮风下雨，总有一道细长的身影在曾经的那个地方等他。只是他至死也不知道，他唯一的朋友，或是说同类，只是一条绳子。不过说起来，这也算是他此生唯一的慰藉了吧……

苦难，孤独，困境，渴望友情，有形的生命终结了，不屈的、高贵的灵魂永远不死。

比较一下三篇满分美文，题材相同，主题相近，文笔都能归于上乘，但人物形象各不相同。

何宁馨的笔下，是一个善于思考又敢于以死抗争的思想者。

肖子涵塑造的，是一个选择了自我毁灭的勇士。

郭同学呢，刻画的是一个具有浓郁悲情色彩的理想主义者。

然而，我要告诉大家，三类人物，三种形象，都能打动每一个善良读者柔软的心，为什么？

因为人性。三位写作高手，三篇袖珍文章，故事虽然不同，角度虽然不一，形象虽然有异，但都写出了人性的美丽和光辉。这才是写作成功的秘诀。

人性是文学永恒的主题。这个世界上，什么都在变化，什么都应该变化，唯独人性永远不变、永远动人。

我们读《诗经》，读唐诗宋词，读古典小说，读千百年前的文字，为什么仍然痴迷和喜欢得不行？

我们读《一千零一夜》，读《安徒生童话》，读《简·爱》，不同的国家，不同的民族，文化差异如此之大，我们为什么还是爱不释手，甚至被感动到激动不已、潸然泪下？

我们读何同学、肖同学、郭同学的作品，你喜欢，我也喜欢，年龄差距很大，生活阅历和生活经验差距很大，我们为什么都深深地被感动？

人性！表现人性之美，才是写作百试不爽的秘诀，也往往是解读文学作品的一把十分灵验的金钥匙。

（2023 年 11 月 2 日、3 日写于张家港莱园）

第二辑

吃喝玩乐

读好玩的书，写有趣的文。我鼓励学生，写作没有禁区，写吃喝玩乐，写自己知道的事情和自己的亲身经历，会写得更加轻松，更加娴熟，更加真诚。

　　当然，诗并不是只在远方，能写出平凡事物中闪闪发亮的地方，在日常生活中写出诗的意境和味道，这也是一种本领。

11. 火锅里的对话

阅读提示：什么是好的语言？表现之一是有个性，能突出人物性格。表现之二是幽默风趣，搞笑好玩。

"火锅里的对话"是"老高私塾"的一道经典题目，每一年每个班级都有特别亮眼的美文出现。

2023年8月20日，张家港暑假小学班最后一次课上，汤恩卓的文章让我欣喜不已。100分——我毫不犹豫地给文章打了个满分！

想象、故事、语言，这是"老高私塾"好作文的六字秘诀。打开想象，会讲故事，语言优美生动，就能写出高分佳作。然而，小才子汤恩卓的写作，不仅具备了这些，还有了更加可贵的超越，他的文章有了思想，有了社会意义。这对于一个刚读完五年级的孩子来说，实在难得。

我优美一跃，跳入了水中。

"牛肚，你也来了？"一块肉丸突然轻轻地撞了我一下。

【落笔描写，一下子进入故事现场。在自然亲切的对话中，牛肚和肉丸这两个主人公登场。】

"俗话说得好，菜有菜命，咱当火锅菜的，总得与火锅来一次亲密接触啊。"

"我们下火锅，如人们上战场，便是上了天堂，也能光宗耀祖呢！"

【生动活泼的语言，离不开幽默风趣和自我调侃，小作家文笔老到，笔底生花。】

"让一让，让一让，虾滑大人驾到！"面对虾滑到来时的煊赫情形，我不作声了，这个充满各种食材的社会，我半点也不了解。

【注意，汤恩卓用了"社会"这个词语。读下去，你更加清楚，小火锅，大社会，文章构思立意的巧妙和高明正在于此。】

【文章用较长篇幅写虾滑进入火锅，我——牛肚和肉丸被挤兑欺负的情形。接着，故事高潮和全文亮点出现了。】

"肚兄，瞧你这气愤的样子，我丸弟今天就和你说说吧。"

"我啊，品名牛筋丸，实际上是用病死的猪的肉加卡拉胶制成的。"

"你呢，品名牛肚，十有八九是拿一些化学品合成的。"

"正因如此，那些真货就瞧不上我们这些假冒伪劣产品啦！"

肉丸一通科普下来，我竟被这残酷的现实冲昏了过去。

"难怪，难怪我出生时，一名工人对我说，以后他们就靠我们这些假货赚钱了。"我喃喃道。

"不行，我不能让人们吃到假货！"我拼命往下潜水，却潜不下去了。

"我被夹住了。"

"不要吃我！我是假的！"

我还是被扔进了嘴里。

我眼前一黑……

小作者十分关心社会生活，也有足够的知识储备，因此，巧借火锅食材的对话，抨击道德滑坡、诚信缺失的社会问题，信手拈来，得心应手，讽刺艺术运用自如，真让人击节赞叹！

写作高手，一个可贵的学习品质是拥有敏锐的观察力。汤恩卓思路开阔，善于联想，想象丰富，创造力强，令人欣喜不已。

一个小时，快速构思，一气呵成，倚马可待，字迹清秀漂亮，卷面清爽整洁，这是千日之功。这样的写作功力，我敢说，不是百里挑一，而是千里万里挑一。得如此英才而教之，人生一乐也！

想象，故事，语言，一般情况下，语言是第一位的。

什么是好的语言？

表现之一是有个性，能写出人物性格，而且有生活和社会意义。请读女生优优写的精彩片段：

我张大嘴喊："小弟，我是肉，可有营养啦，吃，吃，快吃！"可那没教养的家伙连眼皮也没抬，把我晾在一边。

我看着菜大叔被吃了，心里羡慕得要命，你这毛娃娃，讨厌！太挑食了！我不要被扔进臭水桶，我可好吃了！

"你们是我见过最讨厌的人！有眼不识泰山！"我生气地说。

望向火锅里还在玩耍的食材，我想对你说，我的梦想是被吃掉，请你爱惜食物，吃了我吧！

作者批评了挑食、没有教养、浪费食物的不良习惯，用短句表现心情的急迫，用标点帮助表达感情的强烈，这样的语言，有生活，有个性，有情趣，有温度，值得好好学习。

同样，在《文具盒里的对话》一文中，田田的语言描写也充满个性和生活气息：

第一支笔自以为是地说："主人，主人，你是不是最喜欢我，你看看我们多合适，走，我们一人一笔走天涯去！"

第二支笔不服，说："你是主人的爱笔？算了吧，你为主人考过几个一百分啊？还敢在这里沾沾自喜?！"

第三支笔更加傲气地说："我可是为主人考了两个一百分的学霸笔，主人一定最欣赏我，怎么可能喜欢你这支傻乎乎的笔?！"

仗笔走天涯，爱笔，学霸笔，田田的词汇丰富，诙谐生动的语言，争强好胜的人物性格，让人读来忍俊不禁，印象格外深刻。

什么是好的语言？表现之二是幽默风趣，搞笑好玩。

"那么能抬杠，建筑工地很需要你们！"一片牛肉卷骄傲地说。

"你，你，你真是小刀划屁股，开了眼了！我见过脸皮厚的，但没见过有那么厚的！"

"哼，脸皮厚怎么啦，反正牛皮每天在，我吹都吹不破。"

"你们别吵了，让我好好吃饭行不行？你们都是属蚊子的吗，那么吵，让不让人好好吃饭了?！"

"丸子哥，我先走一步！"突然，火小了，菜品们安静下来，静静地泡着澡。

"你是谁？我怎么没见过你？"

"我是鱼，就是经常被人们说的鲤鱼跳龙门的鱼，你不认识我？"

好语言亲切，好语言如好吃的东西，耐人寻味，给人美的享受。

幽默是一种良好的心态，是小作者的欣然独笑，也能在不知不觉中很好

教学生写出高分作文：特级教师的作文教学秘诀

地感染和滋润到别人。

我的学生不怕写作文，喜欢写作文。因为写作的快乐，就是常常能够让欢乐的想象、精彩的故事和优美的语言撞个满怀！

（2023 年 8 月 23 日写于苏州兆丰斋，24 日晨补充定稿于张家港莱园）

12. 火锅里的战争

阅读提示：好作文离不开好故事，好故事离不开好的描述。把人物和故事写得活灵活现，这是一种了不起的写作本领。

写作水平的高低，很重要的一点，是会不会描述。

一般同学往往只会叙述，就是能把时间、地点、人物、事件的经过这些要素讲清楚，让人明白是怎么一回事，但不能给人留下深刻鲜明的印象。

会写的人知道，写文章要少用叙述，多用描述。一字之差，效果和境界完全不同。

描述是再现当时的生活场景，让人物在纸面上进行形象生动的表演和呈现，从而实现如见其人、如闻其声的艺术效果。

下面，我们以张家港市世茂小学"九溪树文学社"彭禹洲同学的作品《火锅里的战争》为例，给大家进行分析介绍。

"喂喂喂，你干吗，不要过来呀！"鱼丸大叫着，筷子正一步步靠近着无助的鱼丸。

"我来帮你！"锅子大叫一声，催动秘法：翻江倒海！只见番茄汤锅内一阵冒泡，猛地掀起了巨浪，鱼丸趁势一个鲤鱼打挺，成功躲过了筷子的一波攻势。

可一波未平一波又起……

小食客见吃鱼丸无望，便调转筷子对准了刚出生（刚熟）的魔芋丝！魔芋丝年龄虽小，可技能十分高超。他把手掌重合，闭眼端坐，暗暗发动终极魔技：隐身大法！"呀，哟——"随着一声呐喊，小魔芋丝竟然像太阳蒸融浓雾般蒸发了！

"嗯？"小食客不解，"怎么魔芋丝不见了？刚才还在的！"

小食客开始不耐烦了，冲向老年撒尿牛丸。"完蛋了！完蛋了！"老牛九边说边努力集中气力，开始催动牛族神法——超级水炮！可一紧张，却施成了"定海神针术"！只见老牛丸在筷子中一动不动，如一根定海神针般。老牛九只好眼睁睁地看着小食客张开黑洞般的大嘴，一口把自己吞了下去。

小食客十分愉悦，又开始准备下一轮攻击。

啪！筷子迅速伸入热乎乎的鸳鸯锅那边的排骨汤中。排骨汤重情重义，立即施展法术：升温！这可以融解一切物质的高温，足以让筷子灰飞烟灭了吧！

可筷子机灵得很，他早就料到排骨汤会施展法术，提前开启了终极被动技能：金刚不坏！排骨汤大喝一声："豆皮，看你的了！"

豆皮被夹在筷子中央，动弹不得，无奈之下终于放出了会消磨阳寿的技能：无人能挡！其效果是任何东西都抓不住他。果不其然，筷子"吱"一声让豆皮滑走了。

"幸好我有排骨汤的高温，烧融了我一层皮，不然我还施不了技能呢！"豆皮庆幸地说。

小食客大叫："呀！真可笑！我竟抓不住豆皮！"

小食客让筷子运作技能：捕捉！一切都逃不出掌心！

肥牛躺在地上，正睡觉呢！筷子见他在睡觉，便抓住了他，快速收缩。"呀——"肥牛施法，自爆！只听"砰"的一声，筷子碎了！

小食客又气又懊恼："哎呀，又输了！下次再吃吧，太累了！"

本文是 2024 年 3 月 1 日写的，在文学社的课堂上，小作者用一小时写完，当场交卷。

小作者文不加点，一气呵成。我是一气读完，拍案叫绝。妙，妙哉！奇，神奇！满分，当然是满分！我连连惊叹，赞赏不已。

仔细鉴赏分析，彭禹洲的作品，成功的秘诀正是精彩的描述和呈现。

避免过多叙述，重点运用描述，需要注意两个问题。第一，要牢记故事思维，学会编好故事。

本文把普通的火锅写成了战场，把日常的餐饮题材写成了新武侠加魔幻小说。请看：

魔芋丝的终极魔技是隐身大法，老牛丸的牛族大法叫超级水炮和定海神针术，排骨汤的绝招是升温，筷子的终极被动技能是金刚不坏，豆皮有无人能挡法，肥牛可以自爆⋯⋯

真是服了，绝了，彭禹洲哪来这么多武功秘诀和魔幻大法，用它们演绎精彩故事，让我们读得惊心动魄，不敢眨眼。如果金庸在世，也许也会自叹不如。

问渠那得清如许？为有源头活水来。我知道，彭禹洲爱读书，爱读武侠和科幻小说，这应验了我经常说的一句话——作文是阅读下的蛋。

回到我们的写作上。描述表达，第二，要运用描写、刻画等手段，活灵活现地再现所写人物和事情的具体场景。在这一点上，彭禹洲的写作也得心应手。

只见番茄汤锅内一阵冒泡，猛地掀起了巨浪，鱼丸趁势一个鲤鱼打挺，成功躲过了筷子的一波攻势。

他把手掌重合，闭眼端坐⋯⋯

这种很有画面感的精彩描绘，在全文俯拾即是。当然，本文在描述手法上的重头戏一定是语言和对话的描写，有个性，有生活，有趣味，让人读得津津有味，心花怒放。

请你记住，好文章离不开好的故事，好的故事离不开具体、生动和形象的描述。

（2024 年 3 月 13 日写于张家港莱园）

13. 面包和包子打擂台

阅读提示：写美食重点有两种写法：一是运用寓言写法，构思精巧有新意；二是描写吃的过程和感受。

作文是什么？作文就是生活。

写熟悉的生活，写喜欢的内容，才能出好文章。

孩子都爱吃，爱美食。"面包和包子打擂台""面包和包子的对话"，这样的题目让孩子眼睛发亮，他们的笔下便行云流水，妙语如泉涌而出。

读他们的文章，能让你流口水。

小才女邹逸群独占鳌头。

"我是西方面点的代表。一提到欧美美食，大家第一个想到的就是我啦！"

"我们面包家族有几百几千个种类。什么黄油包、牛角包、脏脏包、毛巾卷、滚椰蓉，法国的可颂、法棍，英国的吐司、兜馅包……更别说各种乡间小吃，各种风格口味了。"

面包骄傲地拍拍胸脯，抢先做了以上自我介绍。

包子当然不服。

"哼！我们包子的队伍更加壮大！在师傅们的巧手和奇思妙想下，我们有无穷的花样。大肉包，粉条包，雪菜包，鸡胗包，全是我们的。闻名中外的中国古代御廷贡菜八宝包子，便是由参、贝、鱼翅、鲍鱼、胆、螺等八样作馅，华贵无比。小笼包，粉粉肉馅，一口掐汁，鲜美可口。中华美食，包子可不是吃素的！"

有知识，有情趣，有热爱，有文采。一个小学六年级的孩子，怎么懂得这么多，哪来这么多我也是第一次看到的新名词，又写得如此让人目不暇接，拍手称好。

而且，这是当场命题作文。邹逸群用六七十分钟时间，写了1200字，没有一个字和一个地方涂改或修改，字迹和卷面令人赏心悦目。这样的文字功力，这样的写作才气，这样的少年才俊，实在不可多得！

还有潘依铱，也是张家港市东莱小学文学社的绝对主力，写作实力和邹逸群难分伯仲。

小潘同学这次的作文，妙在构思。

我一有记忆就在黑漆漆的蒸笼，一旦被拿出来，我的一生也就到了尽头。唉，真羡慕你，面包！

面包也羡慕包子。某种神奇的力量让面包瞬间进入了蒸笼里。

还没等面包开始喜悦，高温却开始令她喘不过气来，头上的奶油顺着脸颊滑了下来。

包子和面包因为不满现状，羡慕对方，最终都落得一个粉身碎骨的下场。

文章的结尾是这样的："包子和面包都不明白，最好的地方就在他们的身边。"

寓言写法，构思精巧有新意。是在写物，也是在写人。食品如此，人亦一样：心安是家。

潘依铱的语言能力和文笔同样也是一流的。她的写作速度更快，1100字的文章，只用了45分钟，真是文思敏捷，一气呵成！

文章高手，巧妙各有千秋。

邹逸群胜在写面包和包子的品种丰富，潘依铱贵在构思巧妙。我以前的一位得意门生，则是在面包和馒头的外貌上做文章：

"你看我，你看我，我的外貌是各种各样的，我长得比你可爱多了。我有时是小熊，有时是蜜蜂，有时却是房子。而你，总是一副呆呆的傻样，长得肥肥的，丑死了，谁喜欢吃你！"

面包如此数落馒头。

馒头可比面包有礼貌多了，他慢条斯理地说："虽然我长得没有你可爱，没你讨人喜欢，但你的心是空的，而我的心却是实实在在的。而且你过分骄傲，我可比你稳重多了！"

写一样东西，角度很重要。写美食题材，还有一种写法是描写吃的过程和感受。请看我另一位弟子的杰作：

没等一会儿，第一笼包子已经上桌了。打开笼屉盖子的一刹那，一阵白茫茫的烟雾就涌了出来。白烟之中，一个个晶莹剔透的小笼包，仿佛都在闪闪发光。透过薄薄的皮，里面的肉馅若隐若现。顶上的小褶子让它变得更加可爱诱人。皮很薄，肉很多，咬上一口，肥而不腻的汤汁就流了出来，还微微有一点甜味，吃得我满嘴流油。

环境描写，细节描写，让人如临其境，垂涎欲滴。下面写自己吃小笼包的主观感受，同样让你口水流个不停。

在吃得直冒汗时，喝上一杯冰可乐，立刻清爽无比。汤包油润的香甜在口中回味未尽，猛然间一大口冰可乐透心凉地刺激，那可乐中的气体在嘴里跳跃的瞬间，真有一种飘飘欲仙的感觉。

能让人流口水的美文。小作者一定是一个贪吃的小馋猫，而且一定是一个善于观察和体验生活的美食家。否则，他的文字不可能如此有滋有味，文章不会有这样的色彩和温度。

写美食的好文章，能让人流口水，能让人回味无穷。

（2023 年 4 月 11 日写于张家港菜园）

14. 小人物

阅读提示：写好小人物，一般情况下，要么写出他们的可怜、可爱，要么表现人物的可恨、可恶，但都必须在故事中，把人物写活。

小人物，作为文学概念，指那种身处社会底层，穷困潦倒、失意落魄，让人感觉可怜或可恨的人。

写好小人物，写出人物个性，一般有两种写法：第一，这是一个佛系、躺平甚至摆烂的人，从而表达哀其不幸、怒其不争的情感；第二，这是一个善良正直的人，但造化弄人，命运不济，因此，生活往往是苦难复苦难。

当然，不管刻画哪一类形象，都离不开好的故事和细致入微的描写。

下面，我以张家港市第二中学初二学生郭骏霖的作品为例，对如何写好小人物进行分析介绍。

欢快的音乐顺着一条条彩带在夜空中蔓延开来。明亮的灯光将黑夜烫出一个洞。

【作者的文笔真好，开头两个句子不同凡响。一个"烫"字，绝了。】

这里是一个十分著名的马戏团，到了晚上，演出开始，巨大的场地瞬间被人占据。台上，灯光汇聚在一处，驯兽员身着华丽的银色衣服从幕后走出。

【在动笔写本文前，我向郭骏霖打听后得知，他小时候看过马戏团表演，

这里的场景描写应该是他生活记忆的馈赠。】

　　沉重的铁门被一个身穿小丑衣服的人缓缓推开。他的个子矮极了，仿佛是童话里的小矮人。"咔嚓"一声，铁门被彻底打开，一只老虎跑了出来。

【主人公小丑登场，先写他的个子很矮，给人的印象鲜明。】

　　老虎发出嘹亮的叫声，将所有人的目光吸引过去。

　　它一出铁笼，便恶狠狠地盯着那个小丑，像是准备扑上去。看台上的观众发出一阵惊呼，但更多的是幸灾乐祸。

【小丑面临危险，观众却幸灾乐祸，可怜的小丑，可恶的观众。主人公给我们的印象又加深了一步。】

　　一声清脆的口哨声响起，老虎与看台上观众的目光再次转向舞台。一道高挑的银白色身影向着老虎一招手，老虎立即走上了台，在驯兽员的指挥下表演各种杂技，引来一阵阵欢呼。

　　随后，各种各样的动物上了舞台。沉重的铁门开了一次又一次，那道矮小的身影却始终没有资格站上明亮的舞台，只能在台下与黑暗相伴。

【写动物表演，最后落笔在小丑身上，同情小丑的感情溢于言表。】

　　表演结束了，驯兽员与各种动物上台谢幕，随后，观众便三三两两地离开了。

【语言简洁，演出结束，散场。嗨，小丑的形象还有点单薄啊？不急，表演结束，散场了，而我们的故事还在继续。】

　　到了外面，我才发现，自己的包落在马戏团里了，我急忙回去找。

　　马戏团中的灯光变得暗淡了不少，但我仍可以看见台上站着一个人，正在打扫舞台。我定睛一看，正是那个小丑。

　　我没有理会他，径直走到我的座位旁。左看看，右看看，却早已空无一物。我心中一下子多了一份烦躁。

　　"打扰一下，你是在找你的东西吗？"一道刺耳的声音在耳边响起。"干吗？"我不耐烦地回答道，依然在座位周围默默寻找。

　　突然，一个黄色的包递到我面前，我眼前一亮，正是我的那个包。仔细检查了一番，什么都没有少。

想起自己刚才的态度，我顿觉羞愧，刚想说些什么，他已回到了台上，继续打扫。

"谢谢你，你……你叫什么名字？"我低着头说道。

"不用谢，"他沉默半晌后说，"我只是一个小人物罢了，你不必知道我的名字。"

【表演结束，散场以后，才是文章的中心和重点。通过寻找包，表现小人物的善良品德，行文亲切自然，在不动声色的对话描写、动作描写、心理描写中，小人物的形象跃然纸上。我问了郭骏霖，故事是他编的，是假的，但写得像真的一样，写得活灵活现，生动有趣，这就是写作功力。】

灯光洒在舞台上，洒在他的身上，这一刻，他就是演出的主角。

【结尾很美。一是美在有画面感，好比摄影，现在给了主人公一个大大的特写镜头，他的美好形象定格在舞台，更定格在我们读者的心里。二是美在照应上文。上面写到，小丑一次又一次开门，动物一个又一个登台，舞台上热闹喧哗，而他只能孤零零地站在台下的黑暗之中。现在呢，在经历了找包事件以后，小人物成了大人物，成了一出戏的主角——这出戏的名字叫美德。】

读完全文，你是不是被主人公感动了呢？外表矮小，生活异常艰苦困顿，但他的内心却十分明亮，矮小的身躯里，闪耀着温暖的人性的光辉。同时，读完作品，你是不是又被作者的构思艺术和优美文笔深深打动了呢？

是的，要表现人物个性，刻画人物形象，就一定要有一个好的故事，有一定的矛盾冲突，而且要有细腻生动的描写和呈现，郭骏霖为我们提供了很好的写作参考。

写好社会底层的小人物，表现可怜，可爱，苦难，可恨，可憎……都可以。主题不能强求统一，但写法大致相似。鲁迅笔下，祥林嫂、孔乙己、阿Q，是可怜的小人物。莫泊桑笔下，羊脂球、皮埃罗、巴蒂斯特太太、图瓦、流浪汉是令人同情不已的小人物。余华的《许三观卖血记》《活着》，主人公都是历经苦难又善良的小人物。莫言的经典短篇《冰雪美人》，塑造了孟喜喜这个小人物不朽的艺术形象。请认真品读以上经典，你的收获一定会更大。

几年前，上海高考有一个作文题目是"他们"，一篇满分作文写的正是大都市里打工族这类小人物。命题提示告诉考生，可以写社会底层的劳苦大众，于是有了这篇满分作文。其实，上海高考的这个题目，和我们的"小人物"一题，有异曲同工之妙。

（2024 年 4 月 23 日写于张家港菜园）

15. 打电话

阅读提示：细节为王，这是写作的金科玉律。好文章往往体现在一些好的细节上。不会写细节，文章就枯燥乏味；而生动的细节，能让人看了久久难忘。

学写作，先学做人。生活中，我们要做关注细节并且能够讲出细节的人。

打电话，生活中司空见惯。面对熟悉和亲切的题材，学生很容易上手。

老师给家长打电话，或告状，或表扬，或有事联系。

父母给孩子打电话，或叮咛，关照，或有事通知。

同学之间打电话，谈学习，谈聚会，谈感情。

这样写，写这样的内容，可以，但是文章要出奇出彩就难。

构思上能否另辟蹊径？能否来一点时空穿越？能否玩一下想象虚幻和神奇？

是的，好文章都不是老老实实、循规蹈矩、刻板僵硬的。好文章讲究构思新颖奇妙，讲究在此基础上的描写细致生动、惟妙惟肖。

这次三个班级的好文章很多很多，满分的就有好几篇，请你慢慢欣赏。美酒，讲究一个品字，急急吼吼，狼吞虎咽，那就是作践了这难得一见的宝物了。

张家港市实验小学六年级小才女孙夕越的杰作让人惊喜不已。

半夜，她被手机铃声惊醒，不接。讨厌，再打来，仍然不接。很快，第三次又打来，好奇心驱使她拿起了手机。

"喂——"对方没有回答，但她总觉得对方的眼睛湿湿的。

"喂——"她又问了一遍。起先没有人答应，但紧接着，对面传来"喵"的一声。声音虽小，却震撼人心。

她一下子听出来了，那是她已故的宠物猫咪的叫声！

【宠物猫在另一个世界给主人打来电话，够离奇荒诞，但是我们在情感上又很能接受，很希望真的有这种事情发生。这种源于生活又高于生活的大胆构思，让我们一下子就为作者的写作才气竖起了大拇指。还有很值得我们注意的是，文中的细节描写和心理描写，细致真实，令人过目难忘。比如，"她总觉得对方的眼睛湿湿的"。接下来，文字优美，通篇珠玉晶莹叮当。】

她激动地跳了起来，再无一丝睡意。泪水涌出的瞬间，她大叫："咪咪——"对方又"喵——"了一声。

"我在喵星生活得很好。主人不要为我伤心，不要让坏情绪伤了身体！"

"好啦！不要哭了，咪咪不走了，好不好？我会永远陪着你哒！"

"你真的不走了？"

咪咪很快"喵"了一声。

"对啊，对啊，我不走啦，我永远在你身边陪着你！"

【经典的对话描写。亲切温馨，真挚得体，语气词，拟声词，标点，提示语，短句，多种表达方式的综合运用，语言技巧真有点炉火纯青的味道。接下来怎么写？结局怎么写？很考验写作功力。不必担心，孙夕越不会辜负我们的厚望。】

突然，手机自动挂断了。她赶紧查找，发现联系人和通话记录都已经一扫而空……

【结束了？写不下去了？不！作者笔锋一转，山重水复疑无路，柳暗花明又一村。】

猫架里塞了一张纸条：

"对不起，这是我第一次也是最后一次打你电话。请不要再伤心，只要你爱我，我会永远在你身边！——咪咪"

【戛然而止，言已尽，意无穷。掩卷沉思，我们久久走不出这种深深的感动。】

张家港市第二中学初二男生郭骏霖向来出手不凡，今天又妙笔生花。

早上起来，一道闪烁的绿光，如一股强大的力量，让我感到头晕目眩，"只觉得世界如同被分成了两个一样"。

【文章开头的这句话，为全文奠定了想象虚幻的基调。】

不知过了多久，我清醒过来，奇怪的是，我的思维似乎变成了两个不同的个性。

突然，家中的电话响了，我接起电话，对面一个声音传了过来："喂，你在哪儿？"

我吓了一跳，他的声音竟和我一样，加上前面的各种奇怪现象，难道说……

【悬念。如梦如幻，和我一样的声音？怎么回事？】

"我还在我家里，你是谁？"我壮起胆问道。

"如果没有猜错的话，我就是你，你就是我。"说完，他顿了顿又说，"这里的人好像看不见我，你可以被人看见吗？"

我心里咯噔一下：要是别人看不见我怎么办？我的爸爸妈妈怎么办？我以后怎么生活？想到这，我连忙向外跑去，试图去验证一下。

【对话描写，心理描写，让读者始终悬着心。有个性，有悬念，虚虚实实，似真似幻。】

到了楼下，遇见了我的一个好朋友，他向我打了声招呼，我心中如释重负，还好，别人可以看见我！

【这段是过渡。接下来情节如何发展？故事如何展开呢？】

回到家中，我又给他打了个电话。

"我可以被人看见……你现在可以确定你在哪儿吗？"

"应该是在英国伦敦，我看见大本钟了。"

"那你以后怎么办？"

毕竟他也算是我，总该关心一下。

"我可能不回去了，我准备周游世界，好好欣赏世间的美景。"他说道。

【穿越时空，让未来的我和现在的我对话，文笔细腻，把现实生活中不可能发生的事，写得像真的一样。用文字叙述生活，创造生活，表现自己对生活，对世界，对未来的美好愿望，这是写作的一种境界，一种令人羡慕的语言能力。】

和孙夕越、郭骏霖一样，其他优秀习作在构思和语言表达上，都表现出众。

我心里充满了惊讶，突然想起了一件令人无法置信的事：给过去的自己打电话……可打完后我的身高缩短了两公分，吓得我赶紧删掉了通话记录，才恢复了原状。

【世茂小学的陶佳昊很厉害，这学期拿了几次满分，今天的作文又是如此，充满情趣，想象大胆，描写细致，有趣、感人。】

我用千年千里传音术，给监狱里的岳飞打电话，告诉他我在营救他。但岳飞没有听随，他说：我走了，岳家军会受到牵连，朝廷内部也会掀起一场腥风血雨。如今金人在外虎视眈眈，我们真的不能再继续内战了。

【张家港市第二中学初二男生郭圳轩文思敏捷，文不加点，又总能交上一卷美文。你看，本文构思别出心裁，立意金声玉振，文笔不同凡响。】

"我是你的脑子。""怎么可能？我考考你，我现在在想什么？""你在想今天晚上吃什么。""我的手机密码是多少？""是你的生日。""那我喜欢谁？""你没有喜欢的人……主人，我是你的心脏，你不要吃那么多糖了……"

【成鑫龙同学关注生活细节，写得很有情趣，没有华丽的辞藻，但内容

上生活气息浓郁，精彩有趣。】

沈喧妍、俞越、张钰晨、肖子涵、陈冠呈、李晨溪、陆蕴隆、张芷涵、陆钱惠，都写出了不错的作品。

不错的文章，优秀的作品，都有一个共同特点——有比较成功的细节描写。

细节为王，这是写作的金科玉律。好文章往往体现在一些好的细节上。不会写细节，文章就枯燥乏味；而生动的细节，能让人看了久久难忘。

读书做人。作文做人。生活中，我们要学会做有爱心的人，做关注细节并且能讲出细节的人。

请记住，故事精彩，写出细节，文章的出彩便是水到渠成的事了。

（2023 年 12 月 30 日写于张家港莱园）

16. 我怕蜘蛛

阅读提示：用细节，拉爆故事的画面感；用动词，串起了故事的画面感；用心理描写衬托故事的画面感。这是写好故事的一般秘诀，也是本文最大的艺术特色。

怎样才能成为写故事的高手？你的文章怎样才能让读者眼前一亮，而且印象深刻，回味无穷？

这里，我以张家港市农联实小文学社杨淑惠同学的作品为例，给大家介绍一个高分作文的写作秘诀——写出画面感。

先请认真品读杨淑惠的佳作《我怕蜘蛛》全文。

这是什么？咦？蜘蛛？！走开呀，救命！

一个全身淡黄，个子只有铅笔头大小的蜘蛛宝宝爬上了我的桌子。它飞快地舞动八条细棉丝般的腿，不一会儿就从桌子那头走到了我的面前。

它绕着我的本子，挺有兴致地转了三圈儿，然后抬起一条腿，便想跳到我的本子上。它实在太小了，还没等它的一根毛粘到我的本子上，就被我一口气吹走了，也不知道它在我的桌子上翻了几个后滚翻。

它迷迷糊糊地站起来，没过一分钟，就开始往我的手上爬过来了。看着它在我十公分以外发呆，我松了一口气，以为安全了，就找了一支新的笔，开始写作业了。

才写了几个字，我就觉得手上痒痒的，这种感觉就像猫的胡子碰了碰你，让你感觉浑身难受，哪儿都痒。我起初还不在意，初夏嘛，以为是一只蚊子出来搞事。但很快，我发现痒痒的位置还会移动！我越想越觉得不对劲，突然想到几分钟前的那只迷你蜘蛛，心里就像被无数只蚂蚁踩过一样，顿觉发毛。我抬起手，一眼就感觉毛骨悚然，那只魔鬼般的虫子正在我的手心中爬来爬去。完全可以正确地说，它的每一个步子，都重重地踩在了我的心上！

啊啊啊，受不了了！这只还在上幼儿园的蜘蛛谁爱玩谁玩，我，我……太可怕了！

我"啊呜"一声甩了笔，拍死了那只蜘蛛，就尖叫着跑出房门，逃到了厕所里。

我用洗手液反反复复地把那只被蜘蛛踩了不知多少遍的手洗了不下五遍。虽然说吃奶的婴儿不脏，但没有人说过吃奶的蜘蛛不脏啊！

太可怕了，那个房间太可怕了，书房里怎么会有蜘蛛啊！

虽然书上说过，很多我们印象里有毒的动物，比如蜘蛛和蝙蝠，其实只有一小部分有毒。但我即使知道它无毒，也还是本能地非常害怕它。毕竟《哈利·波特》里的蜘蛛怪，原型就是蜘蛛啊。

唉，一个怪物，毁了我对整个书房的美好印象！

（2024 年 5 月 9 日写于"沙洲湖文学社"）

首先讲讲选材。这次作文，课堂命题是"我怕＿＿＿＿＿"，横线上填怕的对象，也就是写作内容。杨淑惠选材机智，写怕蜘蛛，而且是写了和蜘蛛的一次相遇，一个故事。本文最大的特色是描写生动，现场感和画面感强，使人有身临其境的感觉。

仔细品读鉴赏，我们发现，作者写好故事，突出画面感，主要运用了三个技巧。

第一，用细节，拉爆故事的画面感。

"一个全身淡黄，个子只有铅笔头大小的蜘蛛宝宝……"淡黄色，给人印象鲜明；铅笔头大小，形象直观。

"就被我一口气吹走了，也不知道它在我的桌子上翻了几个后滚翻。"一口气就能吹走，说明它又小又轻。翻后滚翻，让我们觉得，小巧灵活的蜘蛛就在眼前。

让细节说话，突出人物外貌和行为，有画面感，就抓人，诱人。

第二，用动词，串起了故事的画面感。

"爬上了我的桌子""飞快地舞动""绕着我的本子，挺有兴致地转了三圈儿""发呆""松了一口气""搞事""移动""踩""拍死""跑出房门""逃到了厕所里""洗了不下五遍……"

会写的人知道，要描绘场景，讲好故事，一般情况下，应该多用动词，少用形容词和副词。在这篇作品中，一系列精准的动词构成了故事的基本轮廓，画面感扑面而来。读着读着，我们觉得就像在看电影，一个动作接一个动作，一个镜头连一个镜头，整个场景的画面感，一下子就活灵活现地呈现在我们眼前，让人不断喝彩。

第三，用心理描写衬托故事的画面感。

小作者用生花妙笔，写出了许多具体细微的心理活动，比如：

这是什么？咦？蜘蛛?! 走开呀，救命！

我就觉得手上痒痒的，这种感觉就像猫的胡子碰了碰你，让你感觉浑身难受，哪儿都痒。……心里就像被无数只蚂蚁踩过一样，顿感发毛。……它的每一个步子，都重重地踩在了我的心上！

这些具体细微的心理描写，虽然没有直接写场面或场景，但从侧面烘托，让画面感在读者心里更清晰、更强烈。

记住，写好故事，离不开具体细微的描写，离不开生活场景的生动呈现。

（2024 年 5 月 15 日、16 日写于张家港菜园）

17. 绰号

阅读提示：紧张的学习生活，需要一点调节和调侃，需要一点色彩和点缀。绰号就是一种很好的快乐生活的调味品。作文来自生活，反映生活，作文也能美化和创造生活。写作的秘诀和意义正在于此。

"周多余，扫地了！"

"周多余？多余？多余的人？还是……哦，是由好多鱼饼干品牌名字演变过来的。"（张家港市世茂小学六年级彭禹洲）

王棠，成绩很差，外号老鸡。

你可能要说了，他和老鸡有什么关系呢？别急，听我慢慢道来。（张家港市实验学校六年级汤恩卓）

"撸起袖子加油干！啊啊……今儿个这事完不了，我不活了！谁来了也拦不了！"

"哇！太棒了！贾努力又开始假努力了，我也是非常高兴的好吧！"

显眼包装悠闲模样走进教室，他的步子比嘴还快，直挺挺地朝贾努力脸上竖了个大拇指，吓得贾努力差点摔在地上。

"哟哟哟，我这次可脱胎换骨了，我头发一扎，有我没他，你懂什么呀，这叫——，叫帅！现在的我你瞧不起，以后的我，你高攀不起！"（张家港市东莱小学六年级李美琪）

紧张的学习生活，需要一点调节和调侃，需要一点色彩和点缀。

绰号，往往就是快乐生活的调味品。

绰号是人物的符号和标签。或褒义，或贬义，或搞笑调侃，但往往都反映一个人的外貌或个性特征，也往往是表现幽默的通道和舞台。

《水浒传》里，黑旋风李逵，豹子头林冲，及时雨宋江……

金庸小说里，东邪，西毒，黑风双煞，神雕大侠……

读者记住的，更多的不是真名，而是好玩的绰号。

中国国家乒乓球队员，六边形战士马龙，乒乓艺术家许昕，小胖樊振东，大头王楚钦，小旋风孙颖莎……这些绰号表达的全是满满的喜欢和好评。

今天的作文题目就是"绰号"。

这个题目怎样写？怎样才能写好？满分作文、优秀美文为我们提供了很好的范例和启迪。

归纳一下，这个题目主要有三种写法。

第一类是写同学之间相互耍笑取乐。陶佳昊的作品很具代表性。

我的同学一遇见我，都不叫我陶佳昊，也不直接说"你"，而是张口闭口叫我甲鱼。

这绰号才刚取两年，可一取那便是病毒一般的存在，现在听到有人直接叫我真名，我反而难受。

第一人称，讲自己的绰号故事，娓娓道来，亲切自然。语言简洁干净，小有幽默。

那天我思索了半天也没搞懂这绰号是怎么被发明出来的。你说它是谐音吧，也就只有甲和佳稍微有点像，其他字再怎么说也不可能。

我想那是神似吧？那也不对，人家真甲鱼都看上去没我那么憨。我见过，那真甲鱼，啧啧啧，看得我那是一阵心悸啊！

如果说是性格和癖好一样的话，那也只有那么一丢丢像，就是整天除了吃就是睡。还有的话就是睡觉流口水。这点我是真看过，那甲鱼一睡觉就吐泡泡，不知道是累的还是困的。

对甲鱼这个绰号的解读，作者思路开阔，语言生动，同时很巧妙地写出了自己的某些个性。如此思维和语言能力，非同凡响。

我们再参考陶佳昊同班同学彭禹洲的精彩片段，看看他又是怎样写陶佳昊拥有的另一个绰号的。

甲鱼？水里的甲鱼？这个名字有点对不起陶佳昊了。虽说陶佳昊有点憨，可甲鱼好像智商更不怎么样。

甲驼猪也是陶佳昊的专属代名词。甲鱼加羊驼加猪成了甲驼猪。甲是因为他长得像甲鱼，黑黑的，憨憨的。羊驼吐口水，甲鱼跟着吐，连说话都变得口水化。猪是因为陶佳昊说话含糊不清，整天叽里呱啦地胡说一通，也许只有坐他前面的我能听懂了。

好同学了解陶佳昊，对绰号、对陶佳昊的介绍比较真切细致，也比较形象生动。

再回到陶佳昊这边。他写道，自己对绰号一直耿耿于怀，一直在追查追究，想揪出创造这个名词的始作俑者。

当全班同学都把手指指向他同桌和另一个好朋友时：

我的心头顿时冰火两重天，既害怕又激动。怕是怕在这绰号是对我的一种讽刺和嘲笑，激动是激动在我马上就要找到这绰号万恶的源头了！

陶佳昊的语言能力出类拔萃，讲故事能力也相当了得。下面写，当知道同学送自己这个名号纯粹是为了好记时：

我松了口气，没想到这绰号只是普通的一个中性词！那么，我搞这么多因为所以干什么呢?

唉,我顿时感到我傻得像只甲鱼。

结尾多好。调侃自己,皆大欢喜。我们在会心一笑之际,仿佛看到了陶佳昊和同学们的一张张阳光灿烂的笑脸。

生活需要笑脸,需要阳光。绰号,善意或者高雅的绰号,就是生活中的阳光和笑脸。

第二类是调侃老师的。

写老师的绰号?是的。和老师开玩笑?是的。捉弄老师好不好?偶尔为之,只要不怎么过分,未尝不可!

刘建鑫写的"王地雷",郭骏霖写的"鬼见愁",让我们没有了这种担忧,而且还颇为欣喜。

"啪!你们……你们真是!"

王老师龇着牙,气喘吁吁地左右张望,似乎在寻找下一个目标。

"老师!您为啥一生气就摔手机呀,您这手机天天被摔,质量真好!"

目标自己送上了门,刚准备平息的怒火再一次被点燃。

"哭啥呀?"一同学关心地问。

"呜呜——地雷又炸了,呜呜——"

同学口中的地雷,便是王老师了,因为她的脾气一碰就炸,明明上一秒还绘声绘色地讲着故事,下一秒便扯着嗓门发射超声波。

刘建鑫的对话描写很有个性,很有生活气息。王地雷,这个绰号让人一听就觉得可怕。接着作者又用十分夸张的小说笔法,继续写王老师的个性:

据史料记载,王地雷出生之时,天摇地动,雷劈不止,只因盘古没有听她说话,她手中的巨斧就成了两半,就连英国首相丘吉尔也表示,王地雷所在的村子,我不敢动丝毫。

天马行空，一番戏谑，令人捧腹。很快，文章又把我们拉回到现实生活：

其实，王老师已快奔中年了，可她为了同学们上课能听进去，费尽心思了解网络热梗、最新时事，以及一些火热的网络游戏，也会尽力控制自己的情绪……而且，她布置的作业很少，在任课老师中她是最没有存在感的，可她绝对是为学生费最多心思的……王地雷这个绰号，是我们为了增进师生感情加入的调味品……说是师生，倒不如说是朋友，扮演着师生角色的朋友，表演着师生斗智斗勇的话剧。

哦，读到这里，我们悬着的心放下了。吼学生，学生心里明白，王老师为他们好，王老师够朋友！

读到这里，我们感到欣慰，因为最好的师生关系就是朋友关系。刘建鑫，感谢你的美文，你真行！

郭骏霖的班主任，对学生十分严厉，因此学生称他"鬼见愁"。鬼见了也会发愁，也会害怕。郭骏霖是文章高手，在 70 分钟时间内，一气呵成，写出整整 2000 字，写了班主任关心自己成长进步的一个具体故事，文章结尾时写道：

想说的话卡在喉咙里，我张了张嘴，最后还是什么都没有说出来，而是向"鬼见愁"深深鞠了一躬，便从办公室退了出来。

"谢谢你，亲爱的'鬼见愁'！"

用绰号写故事，写老师，绰号成了师生关系的润滑剂。课堂上，该严肃就要严肃，该展现师道尊严就要有点师道尊严，但课外，师生之间为什么不能用绰号相互打闹逗乐呢？

第三类是写社会故事，并且能给人以一定的生活感悟和教育。

真佩服农联实小六年级的女生朱羿萱，文思敏捷，一口气写出了一篇很不错的袖珍小说。

主人公叫"鸟绝后"。好猎手，神枪手，闭着眼睛就知道哪里有鸟，有什么鸟。而且，被他射落的鸟，都只是翅膀受了点伤，掉了几根羽毛，都还是活着的。

每天出门带一把枪，一条板凳，拖回来的却是几十只鸟，各个羽毛漂亮鲜亮，再卖给那些达官显贵，赚的那是一个盆满钵满。

可是，这么一个身怀绝技的人，却遭人妒忌。而且，他尽管有钱也不修房子，一直住在城郊灰扑扑的茅草屋里。他还喜欢喝酒，经常酗酒。

让人意外和伤感的是，一天，"鸟绝后"喝醉酒回家，在路上，被一辆车碾压身亡：

"鸟绝后"整个人贴在地上，被压成了饼。

更让人后背发凉的是，那辆车竟是运鸟的。人们说，一定是"鸟绝后"打鸟被神仙发现了，是报应啊！

"唉！好好一个人，竟是死在了自己的能耐上了！"

构思很有匠心。悲剧，更能引起读者的同情和思考。特别是最后一段的最后一句话，看似不经意地轻轻说来，却让我们久久回味。

（2024 年 4 月 15 日写于张家港莱园）

18. 撸猫

阅读提示：内心有了快乐的体验和情感的积累，还必须有一定的语言能力把它写出来，写得越详细、越具体、越生动越好，越能给人感染和愉悦。

生活不是缺少美，而是缺少发现美的眼睛。

生活不是缺少快乐，而是缺少对快乐的体验。

更重要的是，对于写作而言，内心有了快乐的体验和情感的积累，还必须有一定的语言能力把它写出来，写得越详细、越具体、越生动越好，越能给人感染和愉悦。

语言的最大功能和最高境界，是记录自我，描述世界，创造生活。

读完张家港市东莱小学五年级女生徐馨梦《撸猫》一文，拍案叫好之余，我的脑子里一下子跳出了上述感想。

"哎呀，肥咪！你好萌！快让姐姐撸几下！"

生无可恋的小可爱被我一把拽了过来，我不停地揉着它毛茸茸的脸蛋……

【语言描写开头，简洁明了，没一点拖泥带水。撸，这个动词用得很精准。什么是撸？也许，"不停地揉着"一语可以作为注解。"肥咪""好萌""小可爱"，这些词语，加上动作描写，都表现出强烈的感情色彩。】

撸猫可舒服了，我特爱撸猫，特别是爱撸我家的猫，这对我来说是最简单最幸福的快乐。

【先描写，再叙述，介绍故事缘由。我为什么要撸猫，因为我喜欢，我快乐，我享受。】

"喵"，我家宝宝"扑通"一声躺在我面前，我知道，它又来求抱抱了。

我可不抱，全都是毛！但我又绝对忍不住不去撸它几下，那手感实在太舒服了，毛嘟嘟一只小可爱，一手下去像抓住了一团棉花糖，一团灰色的棉花糖，不知好不好吃。

【先写猫的憨态可爱，再写自己的心理活动过程，继而描写撸猫的感受，思路清晰，层次分明。棉花糖的比喻接地气，能吸引和抓住读者的心。】

我家咪宝是一个天然枕头，我喜欢一头扎在它身上，它也不反抗，任由我躺。躺下时，咪宝的脑袋显得格外突兀，这可不行，怎么办呢？那就让我来给它做按摩吧！我不停地搓揉着咪宝的脑袋，它一副享受的样子，闭目养神，别提多舒服。有时我还会撸撸它的脖子，"喵——"，咪宝发出满足的叫声，时而伸伸爪子，时而张开嘴，打个哈欠，时而它还会用脑袋帮我撸撸手。

【语言精致到家了。会写能写的人，往往会恰到好处地使用动词。一个"扎"字，动作性强，有动感画面，写活了作者对猫咪的喜欢。不停地搓揉，搓和揉，多么亲热，多么认真，多么疼爱，真是不着一字，尽得风流。闭目养神，满足的叫声，把猫咪的尽情享受写绝了。而伸爪、张嘴，又把小可爱邀宠撒娇的一面写得活灵活现。】

咪子很挑食，不爱吃猫粮，只爱吃鱼条。有时我为了撸它，故意拿出一支鱼条假装给它加餐，它屁颠屁颠地跑过来，目不转睛地盯着鱼条，眼巴巴地望着我。

【换个角度写撸猫。屁颠屁颠、目不转睛、眼巴巴，用细节，用写人的话语写猫，猫就是自己的亲人。】

我见猫骗到了手，不管三七二十一，先撸为敬。可爱的咪子不知情，任由我摆布。我这儿揉揉那儿捏捏，怎么也撸不够。

【揉揉，捏捏，像母亲呵护儿女，情深意浓啊。】

有时咪子还会抱住我的手，似乎把手指当成了鱼条，舔上几下。

【主要是写"我"，中间穿插写猫，抱、舔，动词精准到位，很有情趣。】

我终于撸够了，见咪子一脸期待的小眼神，我便把鱼条藏了起来，它不停地嗅啊嗅，得知上当了，才悻悻地跑走了。

【"我"和猫，人和动物，是家人，是朋友，玩得不亦乐乎。猫咪可爱，"我"更可贵和美好。】

不过，我有时也会真给它加餐，不然让咪子摸清了我的计谋，以后可再也撸不到那柔软细腻的猫毛了。

【和猫做游戏，也要讲点诚信，因为"我"实在是太过喜欢撸猫了。"我"快乐，猫快乐，写出了一种生活的境界。】

撸猫，撸猫，我家有猫，但没有猫群。

想想如果家里的猫三五成群，这儿躺着一群，那儿一群在吃饭，还有一些散散落落，各干各的……那么，随手一伸就能捞到一只可爱的猫猫来撸，该有多好呀！

但妈妈也许不会同意，她会说："这是人住的房子，不是猫窝，别想造反！"哎，爱撸猫的我无能为力呀！

【笔锋一转，从撸一只猫，想到要撸一群猫，文章内容拓展，情趣更浓。但是，妈妈会反对，我不能如愿。生活没有十全十美，有点遗憾，有点残缺，也是一种美。有残缺，更有想象空间，更能吸引人去追求创造。】

撸猫的快乐很简单。只要我家小可爱开心，一身猫毛，任由你撸，如果幸运，它还会用小舌头舔舔你呦！

【用动词和温馨的画面结束文章，给人无限遐想，文笔真好。】

本文写于 2024 年 6 月 5 日，是张家港市东莱小学"青藜文学社"的现场作文。徐馨梦文思泉涌，用 80 分钟，写出如此美文，真棒。作品有一个特别的亮点，就是亲近动物的人性之美。

动物是人类的朋友，也是文学作品中的常客。在中小学语文课本里，动物题材的课文比比皆是。作家，特别是儿童文学作家，往往喜欢写动物的故事，这是因为孩子往往特别喜欢动物。

经典绘本《活了一百万次的猫》，你读过吗？精彩，精彩得让你阅读时不忍眨眼。

日本女作家安房直子的幻想小说《猫的婚礼》，表现动物和人类的亲密相处与和谐平等，精彩，精彩得让你终生难忘。

优秀的猫题材故事，在动物形象的背后，我们往往能读懂动物的情感，领悟人性的真谛。

五年级女孩徐馨梦的这篇美文，构思立意，堪称完美。作品通过撸猫这个细节，把猫的憨态可掬，把人对猫的一往情深，表现得淋漓尽致。表面上，是写以撸猫取乐，透过故事和文字，我们看到的，是以猫为友、爱猫如骨肉的人性的光辉。作品的艺术魅力，正在于此。

本文另一个值得充分肯定的写作特色，是语言特别优美。

语言优美又表现为两个方面：一是用词精当，二是语言富于感情色彩。

小作者词汇丰富，用词精当，特别是在动词的选用上，表现出相当的语言敏感力。撸，拽，揉，按摩，伸伸爪子，张开嘴，打个哈欠，屁颠屁颠地跑过来，目不转睛地盯着鱼条，眼巴巴地望着……恰到好处的动作描写，生动地表现了主人公的神情状态，使人物形象跃然纸上。

作品语言优美，富于浓郁的感情色彩，遣词造句，字里行间，充满对小生灵的真挚喜欢和柔情蜜意。肥咪，小可爱，咪宝，毛茸茸的脸蛋，毛嘟嘟，天然枕头，一头扎在它身上……都是写作者对猫的无限喜欢。"一脸期待的小眼神""抱住我的手，似乎把手指当成了鱼条，舔上几下""不停地嗅啊嗅，得知上当了，才悻悻地跑走了"，如此等等，都是用写人的语言写猫，有情趣，有情感，让人读来忍俊不禁，击节赞叹。

什么是好的文章？好文章就是给思想找到了好的故事，给情感找到了好的语言。《撸猫》正是这样的好文章，祝贺徐馨梦！

（2024 年 6 月 13 日写于张家港莱园）

19. 不长大多好

阅读提示：真情实感，有故事，有画面，有生动描写，再有点思考和思想的火花，高分满分作文的诞生就顺理成章了。

童年似一缕阳光，照耀着我们。

长大了，嘲笑，欺骗，孤独，施暴……犹如千千万万雨点向你打来。

我不想长大，因为我还没有备好足够的泪水，让我活在童年吧，永远无法走出也没关系，至少有父母为我遮风挡雨。

如此诗一般的优美句子，谁写的？向你报喜，这是张家港市世茂小学四年级女生徐伊诺的杰作片段。

不仅语言好，对生活有自己的思考和发现，有思想，有诗意，有哲理，是更加难能可贵的地方。一个四年级孩子，有如此才气，真让人刮目相看。

成长，长大，对于孩子来说，是一段必经的生命历程，也是一个永远鲜活的写作话题。

是的，今天的作文题目就是"不长

大多好"。

题目带有明显的抒情色彩和感情倾向。留恋童年，怀念过去的清纯美好，同时也意味着对今天因为长大带来的苦恼、烦恼、孤独等的反感和抵制。

中国散文最好的传承是真情实感。看到这样的话题，孩子的心里一定都有一头小鹿在撞来撞去，往事随风飘荡心头，回忆，诉说，憧憬，故事，画面，细节，声音和色彩，过去和现在，现实和诗意，欢乐和痛苦，和着眼泪，带着笑容，都一起在笔下尽情流淌。

真情实感，有故事，有画面，有生动描写，再有点思考和思想的火花，高分满分作文的诞生就顺理成章了。

世茂小学五年级吴佳妮的杰作正是这样的精品。

今天是我的生日，好期待爸爸妈妈会准备什么礼物。

【一开头就留下悬念，礼物？会是什么礼物呢？】

我和同学走在放学路上，一刻不停地思考着：什么礼物呢？突然，我拉紧同学的手，停下脚步，认真地看着她，问道："你觉得我爸妈会给我准备什么礼物呢？"

【进一步加强笔墨写悬念。"拉紧同学的手""认真地看着她"等细节描写比较传神。】

"一大堆零食，文具文创，还是一大堆作业礼包？"说到这儿，她嘻嘻笑着指向我的书包。

我连忙挥了挥手，轻拍她的嘴："你可别乌鸦嘴！"我和她不约而同地笑了。

【和同学的对话很真实，很有情趣，也很巧妙地把情节过渡到下文。悬念，还是悬念，吊足了大家的胃口。】

到了家门口，我和同学惊喜地发现了一个气球，里边应该鼓足着气，还应该放满了礼物吧？

【气球，好有氛围。用气球盛放礼物，多浪漫，有诗意。其实，这是欲

抑先扬，用喜悦衬托后面的悲凉。末尾用心理描写推动情节发展。】

我怀着忐忑的心情打开了门。

哟！不对劲！气球上怎么写着"金榜题名，考试全对"这样的文字？离期末考试还有一段日子啊！

【情节发生意外，记叙和描写，动作和心理，文笔自然流畅。】

"宝贝，祝你生日快乐！看，看，这有多喜庆，期末一定能考满分！"妈妈笑盈盈地走了过来。

"同学先回家复习吧，快考试了！"妈妈把我同学轰了出去。

【这样的安排，这样的话语，这样的妈妈，真叫人啼笑皆非。可怜天下父母心，可怜天下孩儿心。妈妈的话很有个性，真实，生动。】

"来，宝贝，这是给你的礼物。喏，《学霸》，快进屋去做吧，做完吃了这碗面，下次就一定能考满分了！"

妈妈硬生生地把我推进房间。

妈妈真是太过分了，这和我原先的满心期待和满心欢喜，反差也太大了吧！

我黯然失色地坐在书桌前，过生日还要写作业，而且离考试还远呢！

我突然有种巨大的压力，我累了。

【用心理描写表达不满和抗议。不过，面对如此妈妈，自己也只能对自己发发牢骚而已，唉！】

小时候盼望着快点长大，长大又后悔了，回到小时候好吗？我对时间说。

【点题。末句神来之笔，对时间说，也是对自己说；也是对父母、老师和对生活的一种倾情诉说。】

这是哪儿？还是我家？金榜题名的气球怎么变成生日快乐了？那碗面变成蛋糕了？我惊疑地看着妈妈。

"宝贝，生日快乐！祝你每天快乐！"说着，妈妈吻了我的脸，然后把一块蛋糕送进了我的嘴里。好吃！蛋糕湿湿的，咸咸的。

【构思巧妙，宕开一笔，写虚幻了，是儿时的回忆？是眼前的场景或憧憬？你都可以去想象，去解读。上面写生日的苦涩和不满，这里写快乐和甜蜜。上面写妈妈的精神虐待，这里写拳拳母爱。末句又特别精彩，蛋糕咸咸的，心里也没有甜美，又把故事拉回现实了。】

窗外吹来一阵凉风。夏天的风，我却觉得有点寒冷。

黑夜里，只剩我、作业和那滴没有风干的泪水。

不长大多好。

【夏天的风让人觉得寒冷，还有风干的泪水，不说烦恼，无言痛苦，但强烈的感情却在这里得到诗意的表达。吴佳妮的语言能力出类拔萃，如此诗性语言，含义隽永，令人回味。】

不长大多好。成长总伴随着烦恼甚至痛苦，这和物质生活好坏无关。在作文里，孩子们的思想情感得到尽情的表达、宣泄，写给自己，写给社会，写给未来，许多话语值得我们成人好好欣赏和珍藏。

吴佳妮的同学，也是五年级的李晨溪写道：

有人说，人生如一场马拉松，人们为了抵达终点，往往会在路上抛弃一些东西，如梦想、快乐以及童心。

可我想做一个不同于他们的人，我守着梦想、守着快乐、守着童心。哪怕是最后一名又怎样，它们会变成翅膀，载我飞去。

李晨溪说得多好。是的，人总要长大的，总要变老的，但多读童话好书，让眼睛不要长大，心不要变老，永远憧憬美好，向往明天，也许这才是最好的成长，最好的长大。

从写作艺术角度看，吴佳妮的这篇美文，最大的特色是故事性强。本来满怀欢喜地放学回家，总以为过生日会很兴奋很快乐，谁知道妈妈的所作所为却给自己兜头浇了一盆凉水。用这样充满生活气息的故事，生动演绎长大的苦恼、烦恼和满腹酸楚，给人印象鲜明、深刻。

作品的另一个艺术特色，是描写具体、细致、感人。动作描写，语言描写，心理描写，细节描写，把生活场景活生生呈现在读者面前，真实性和现场感强烈。

（2024 年 6 月 12 日写于张家港莱园）

文学是美和善的源头。写友谊，写亲情，写爱情，在这样的过程中，在这样的时空里，男孩女孩的内心都会变得更加柔软和温暖，同情、善良的人性之光会变得更加通透、明亮。

20. 小猪找朋友

阅读提示：变化和意外，是一种常用的作文构思方法。有变化和意外，就有故事，就有惊喜，也才会有理想的故事结局。

在情节发展中，让一般人想不到，或按常规思路去猜想往往会出错，这种构思方法就是意外法，也叫变化法。

"小猪找朋友"这个题目好写，但要写好却不容易。

许多同学不知道运用变化和意外来制造惊喜和起伏，而张家港市白鹿小学的蔡紫琪同学，正是依靠这种构思艺术拔得了头筹。

文章不长，先请大家阅读原文。

"嘿，你愿意跟我交朋友吗？"

"哦？是喊我吗？那可不行，我没时间！"小鸭傲慢地说。

小猪很孤单，没朋友，因为它身上脏，谁都不理它。

小猪慢慢地沿着石子小路走向了森林。微风吹着路边的野花野草，小猪的心情十分低落。

"嘿，小松鼠，你愿意和我做朋友吗？"

"可是……我朋友太多了，不用了。"小松鼠啃着松果儿说。

小猪继续漫无目的地走着，突然遇到了正在河边照镜子的小猫，它大声地问道："喂，你好，猫小姐！你可以和我做朋友吗？"

"跟你？跟你做朋友？不要！你身上又脏又臭，长得又不怎么样，和你做朋友，做梦去吧！"小猫白了可怜的小猪一眼。

唉，天哪，也许是我脏，也许是我臭，也许是我长得丑，也许是我笨，它们不跟我交朋友也是应该的。眼泪在小猪的眼眶里打转儿。

突然，小猪的耳朵里传来一个声音：

"哦，多可怜的小猪呀，我愿意和你交朋友！"

"我也愿意！"

"我也愿意！"

"加我一个吧，我很愿意！"

是谁？是谁在喊？小猪有些迷惑和迷茫了。

"是我们！我们是时时刻刻在你身边的落叶！"

小猪听清楚了。它"哇"的一声哭了出来，一边哭，一边喊："我有朋友啦！我有朋友啦！"

"沙沙沙——沙沙沙"，树叶们在歌唱，歌声悠扬。

"沙沙沙，沙沙沙——"，歌声传遍四方。

怎么样？文章很美吧？是的，首先是语言美，对话描写很有个性，很生动，很有感染力。但更加值得欣赏的，是构思，也就是编故事的变化艺术。

仔细品读鉴赏，我们看到，全文的变化表现在以下几个方面。

第一，人物的变化。小猪找朋友，遇到了小鸭、小松鼠、小猫，它们都是动物，而且都不愿意和小猪交朋友。如果后面再继续写同类的其他动物，文章就显得单调乏味了。作者的高明之处正在这里，下面不写动物，登场的是植物，是树叶。这不仅使内容更加丰富多彩，更为重要的是营造了大悲大喜、起伏跌宕的艺术效果。

第二，对话内容的变化。同样是拒绝小猪，傲慢的小鸭说没有时间，小松鼠漫不经心地说它已经有很多朋友了，而小猫不仅拒绝，还数落小猪，说它脏、臭、丑。这样写，人物的性格特征就比较突出和鲜明了。

第三，人物数量的变化。写拒绝小猪的动物——小鸭、小松鼠、小猫，都是个体，而写友好的树叶，是一大堆。你看，友谊的力量多么强大，多么温暖，给读者的印象又是多么深刻和美好。

当然，除了上面的三种变化，还有一个特别重要的变化就是主人公小猪情感上的变化。从遗憾、伤心、悲哀、痛苦，到惊喜惊叫、欢呼庆祝，文章的结局很美好。

文似看山不喜平。有变化才会有故事，有惊喜，有良好的艺术效果。

（2024 年 1 月 19 日写于张家港莱园）

21. 猪、狗、小鸟和机器人

阅读提示：表现孤独，渴望友谊，这是写作永恒的主题。写作，就应该表达一点对生活的思考和见解。这包括能够提出一些能引起读者思考的具有普遍意义的生活问题、人生问题，或者社会问题。

　　在人类的社会生活和人际交往中，友谊是最重要的精神食粮。因此，表现孤独，渴望友谊，便成了一个永恒的写作主题。

　　如何表现这个主题？如何用动物题材写好这个主题？今天我用张家港市白鹿小学五年级学生张兆涵的作品为例，给大家做一点分析讲解。

张兆涵是写文章的高手,《猪、狗、小鸟和机器人》一文,充分展现出她的写作才华。

下面,我们来欣赏美文和我的点评。

呼噜——呼噜——猪圈里传来一阵阵鼾声,那是小猪比德,唯一一只没有被人买走的猪。因为它瘦,极其瘦,所以只要是聪明的商人都不会买走它。

汪汪——汪汪——汪——那是小狗比尔,它被主人抛弃了。因为它老,极其老,所以它只能轻轻地在主人家门口呜咽着。

叽叽叽——叽叽——那是小鸟比娜,它唱着与众不同的歌曲,所有的同类都远离它。因为它丑,极其丑,所以它只能独自在枝头吟唱。

【张兆涵落笔不凡,写小猪、小狗、小鸟三个人物,都用拟声词开头,而且抓住了它们的个性特征来写,小猪在酣睡,小狗在呜咽,小鸟在孤独地吟唱,很符合三个主人公的生活特征。孤独和痛苦是它们的共同之处,然而,孤独、痛苦的原因又各不相同。小猪因为瘦,小狗因为老,小鸟因为丑,真是同是天涯沦落人,相逢何必曾相识。】

它们都很孤独、寂寞,直到有一天……

【这段过渡,承接上文,又开启下文。】

"嘿,你趴在这里干什么呢?"今天,小鸟比娜也许是孤独过了头,它竟然跟小狗比尔搭讪了起来。

"我在等我的主人,他在跟我玩捉迷藏呢。"今天,小狗比尔也挺奇怪,它竟然回答了陌生小鸟的问题。

【因为孤独、无聊,两个可怜的人开始交流联系了。两个"竟然",很好地表现了孤独这个重点。一问一答,妙趣横生。因为小狗竟然用谎言为自己遮羞,明明是被主人遗弃了,还说是在跟主人玩捉迷藏的游戏。于是,就有了精彩的下文。】

"我相信,所有被主人抛弃了的狗都会这么说。"小猪比德今天也很反常,它竟然插入了狗和鸟的对话中。

【又是一个"竟然"，又是一个同样可怜的家伙。小猪比德酸溜溜的，挖苦讽刺，有点不够厚道。但这样的语言彰显个性，给人的印象鲜明深刻。】

"是啊，我也这么想的。"小鸟比娜说道。

【小鸟比娜的话又加重了小狗比尔的痛苦。于是，比尔说了下面的话。】

"其实我本来也不想这么说的，都是因为……"小狗比尔说了一半，停了下来。

【小狗比尔还是比较老实憨厚的，它坦诚地说出了真话。但都是因为什么原因让它说出谎言的呢？不急，请听。】

"我孤独！我孤独！"它们三个异口同声地喊了起来。

【彼此心有灵犀，心心相印，终于走到一起，说到一起了。读到这里，善良的读者都会为它们高兴，为它们喝彩。】

从此，它们成了形影不离的朋友。

【故事告一段落，皆大欢喜。然而，文似看山不喜平，文章就此打住，或继续写友爱欢乐，就有点俗套了。作者的巧妙正在于，故事发生了变化，随着新的人物出现，情节向着相反的方向发展了。】

它们再也不孤独了。它们要去寻找和它们以前一样孤独的动物，让它们都快乐起来。一天，它们遇到了一个半狗半鸟的奇怪动物。

【情节发生了变化，渴望友谊和帮助别人的它们，遇到的究竟是什么不同寻常的动物呢？下面，作者用对话讲故事。】

"你好！请问你是什么动物？"一向主动的小鸟比娜开口道。

"我是……我……我也不知道，自从我出……出生后，我就……一直这样。"怪物结结巴巴地说。显然，它已经很久没有说话了。

"那你……"小猪比德欲言又止，可它还是继续问了，"你父母呢？"

"我……我被他们扔……扔在了这儿了……"怪物说道，还补充了一句，"我……我从来没有朋友，你……你们能做我的朋友吗？"

小狗比尔不等朋友说话，抢着说："能！当然能啦！你不再孤独了！"

【故事写到这里，第一批出场的三个人物，随后登场的怪物，都找到了朋友，都不再孤独寂寞，都十分高兴，大团圆了。文章该收住，该写出一个光明的结尾了吧？是的，这样写，也可以成为一篇好作文，但是我们的小才女，在构思艺术上棋高一着，她的故事结局在你意料之外，又在合情合理的生活逻辑之内。】

可这个朋友给它们带来了厄运。

原来，这个怪物是人类制造的高科技产品——机器人。这下，它们三个有麻烦了。

机器人在它们之间说对方的坏话，比如比尔在你的身上踢了一脚啦，比娜偷吃大家的好东西啦，比德又怎么怎么啦……

它们再次孤独了。

意外，遗憾，悲哀，可怜！想不到故事是这样的悲剧结局，让读者伤心难过，这样的构思设计好不好？好。这种悲剧式的故事结局，更能引发读者思考。比如，三个可怜的人为什么找不到真正的友谊？高科技机器人为什么会再次制造人们的孤独痛苦？怎样才能真正摆脱孤独寂寞？真正的友谊和朋友到底在哪里？

朋友们，我也不能给你们满意的回答。希望你们自己去思考，去寻找自己想要的答案。

写作，就应该表达一点对生活的思考和见解。这包括能够提出一些能引起读者思考的具有普遍意义的生活问题、人生问题，或者社会问题。张兆涵就做到了。

（2024 年 2 月 22 日写于张家港菜园）

22. 一句话的故事

阅读提示：生活题材，日常小事，只要把本身有趣的材料写得有趣，写得细致入微，也能成为美文佳作。

在生活的岁月里，在成长的道路上，有时候，一句话能影响人的一生。

在写作文的构思艺术里，有时候，一句话可以是串珠红线，看似平常琐碎的生活，会被它串联成一串美丽的项链。

今天的作文题目"一句话的故事"，命题的出发点正在于此。张家港市东莱小学文学社袁楠慧和刘建鑫的满分作文，也印证了一句话的这种神奇作用。

袁楠慧的作文：

"几点了，还不起来！"这是妈妈的唠叨，是从小到大耳朵听出了老茧的一句唠叨。

起初，这句话很刺耳，常常伴随着一脚踢开房门的，是妈妈的河东狮吼。

常常，我总是左耳进右耳出，回应妈妈的都是不耐烦的一声吼叫："哎呀，我知道了！"随着渐渐长大，妈妈的这句唠叨，听多了，觉得烦，听不到，又觉得少了点什么。

然而，妈妈要出差去外地了，她郑重其事地告诫我："早点起来，否则，回来你给我等着！"跨出家门，又大喝一声："早点起——"床字还未吐出，她就被汽车带走了。

开始，我还像一只没人管束的小狗，怪高兴的。但第二天，第三天，我却彻夜难眠，睡不着，想妈妈，睡不着，想她的唠叨。

袁楠慧文笔真好，着墨不多，但经典话语的反复出现，有个性的人物语言，外加生动传神的动作和细节描写，让妈妈的形象跃然纸上。

难能可贵的是，作品写出了"我"这个人物心理和情感的变化：妈妈的这句话贯穿了我整个童年。"几点了，还不起来"，短短的七个字，温暖了我整个童年。小时候听是唠叨，长大了听便是爱。

语言描写、动作描写、心理描写，洗练生动的文字里，满满的都是感恩母爱。

刘建鑫写的是爷爷的一句话，"你想吃什么给你买什么，你怎么不长胖呢？"

接地气，充满生活烟火气息。有个性，爷爷爱孙子，最朴素的话，也是感情最强烈的话。

看似寻常平常家常言，恰是情深意浓拳拳意。

刘建鑫很会提炼，知道应该用经典语言表现人物性格，他笔下，爷爷的话不多，但感人肺腑：

"你想吃什么给你买什么，你怎么不长胖呢？"

他现在还这么瘦，万一在学校被人欺负了怎么办？

"既然不知道你喜欢吃什么，那就一道道地试，爷爷有的是精力陪你！"

"以前家里没有钱，给不了你爸爸好的，直到有了你，我想让你过得更好，也借此弥补遗憾。"

这样的语言，这样的文字，没有漂亮词汇，没有绚丽色彩，但字字句句，发自肺腑，撞击心弦。人物语言是解读人物性格的一把钥匙，刘建鑫深得个中三昧。

表现爷爷的拳拳爱心，第二个艺术手法是动作描写。

请欣赏精彩片段：

"让我看看你长胖了没有？"

我像个画室的模特，爷爷坐在椅子上，细细地端详。

"背过身去。"我照做了。"哦，长了？没长？好像是长了。"

爷爷犹豫不决，只好拿出撒手锏："来来来，站到墙根儿！"说着，爷爷拿出铅笔，在我的肚子两侧各画一道印记，看到印记与上次的基本重合，甚至瘦了一点，他便轻轻敲下我的肩："你想吃什么给你买什么，你怎么不长胖呢？"随后一遍又一遍地询问我想吃什么并拿出手机研究菜谱。

妈妈告诉我，爷爷每天晚上要看看我，经常替我在墙上划印记，比较比较我胖了没有。他这样做，已坚持了6年。

这样的故事，这样的行动，没有轰轰烈烈，没有甜言蜜语，却情真意切，感动天地。

两篇满分作文告诉我们，生活题材，日常小事，只要把本身有趣的材料写得有趣，写得细致入微，也能成为美文佳作。

比较欣赏一下，两篇美文的写作特色，有同也有不同，简单介绍如下。

相同的特色有四点。

第一，都是用一句话做线索，串联起故事和情感。而且，这句话在文中几次重复出现，这一方面在结构上增添了文章的整体性，另一方面也加深了读者印象，增强了作品的艺术感染力。

第二，袁楠慧写母亲，刘建鑫写爷爷，都是写亲人的爱，主题异曲同工。

第三，在表现方法上，都用对话描写和动作描写表现人物性格，刻画人物形象。写人物，贵在具体生动，这一点上，两个人各有千秋。

第四，语言都活泼生动，感情色彩浓郁。好语如珠，文采风流，两个人都是不可多得的写作高手。

写作艺术上的不同和个性，主要有以下两点。

第一，取材角度不同。袁楠慧写母爱，主要写母亲在生活习惯方面对自己的严格要求，而刘建鑫写爷爷天高地厚般的爱，主要写爷爷在饮食和身体健康方面对自己细微周到的关心和帮助。但都是以小见大，情文并茂。

第二，写人物情感变化，对象不同。袁楠慧写出了自己态度情感的变化，从反感抵触到心领神会，感动感恩。刘建鑫把笔墨集中在爷爷身上，让爷爷在关爱孙子时，由感情态度十分强烈，转变为理解尊重，顺其自然。当然，让孙子吃得好，营养好，身体好，爷爷的这个宗旨还是一如既往的。

（2024 年 5 月 14 日写于张家港莱园）

23. 一个人的遭遇

阅读提示：一篇好的作品，往往需要一个好的故事。一个好的故事，离不开内容上的"惊奇元素"。也就是说，你的故事能不能用几句话概括，并且有能够颠覆读者想象、让人感觉惊奇的情节元素。

"一个人的遭遇"这个题目，要求写一个人的一个故事。

审题提示：遭遇，不是机遇、偶遇、巧遇，通常是指遇到了比较麻烦、痛苦的事情，而且是大事，是在一段时间甚至一生中，影响生活乃至命运的重要事件。比如天灾，饥荒，车祸，被骗，被绑架，学习或工作中某些重大挫折和打击等。不管写什么题材，都要求写一个人的一件事。请突出中心，多用描写，让人物在纸面上讲话、活动。

请欣赏吴思彤同学的出彩美文和我的点评。

这是一个普通的早晨，可世界上正发生着一件不普通的事。

"妈妈，早餐好了吗？"奇奇从床上爬起来，伸了个懒腰。

可是妈妈并没有回答他，奇奇一个人坐在床上，疑惑不解，便独自下了床，来到客厅。

奇奇一看，发现爸爸妈妈的鞋子都在鞋柜上，并没有去上班……奇奇正在思考爸爸妈妈到底去哪里了，突然，背后的一阵凉意使他不得不回头……

"啊！救命啊！"

奇奇看到自己身后站着一头母狮子。

"啊呜——"那头母狮子张开大嘴，虽然奇奇很害怕，但他此时却异常镇静，因为他觉得母狮子并不想吃他。

"啊呜——"母狮子再次向着奇奇呼唤，他似乎明白了——这是他的妈妈。

"爸爸呢？"奇奇问道，他此时非常害怕爸爸也变成了一只动物。

"哞——"一头壮牛走了出来，奇奇明白了，现在爸爸妈妈都变成了动物……

【妈妈变成了狮子，爸爸变成了牛，百分之百的荒诞。但作者文笔细腻，语言、心理、细节、拟声词等方面的描写活灵活现，将生活场景呈现在我们面前，让读者有身临其境的感觉。把明明是想象和虚构的事情，写得像真的一样，这就是了不起的写作本领。】

奇奇决定自己养活自己。

【承上启下，情节开始发展。】

奇奇先来到超市，发现在熟食区抢食物的是一群动物。这时他才意识到这世上只剩自己一个人了。

【哦！啊，啊！不仅是爸爸妈妈，除了自己以外，所有的人竟然都变成了动物。这出乎意料，又在想象情理之中，既然爸爸妈妈能变成动物，其他人为什么不能？进一步激发读者的阅读兴趣，进一步把读者的胃口吊起来，让大家悬着一颗心去读下文：奇奇怎么办？故事怎么发展？】

好不容易抢到了食物，奇奇回到家，发现妈妈只吃肉，爸爸只吃奇奇掰下来的烂叶子，他们彻底变成了动物。

【顺着上文，又写到爸爸妈妈了。他们彻底变成了动物，强调、强化，让读者加深印象。后面的故事怎么写？】

再后来，超市里没有肉了，妈妈每天在家里挨饿，奇奇看不下去，立刻出门，准备去抓一只鸡来给妈妈。

【情节发生变化。尽管爸爸妈妈变成动物，但亲情还在，妈妈饿了，奇奇很着急很关心，便出门想捉一只鸡给妈妈吃。很自然，很真实，构思很

巧妙。妈妈会吃吗？】

"喔喔喔！"奇奇抓到了一只老母鸡，可看着老母鸡悲惨的眼神，他心软了，因为他怕这是一只人类变成的老母鸡。

【拟声词用得很及时、到位。奇奇改变想法，放弃行动，也写得很真实感人。奇奇很孝顺，很有同情心，形象立体、饱满。】

奇奇垂头丧气地回到了家，妈妈已经奄奄一息了，他眼睁睁地看着妈妈闭上了眼睛，手脚冰凉！

【妈妈不幸去世，故事好像应该结束了，不！没有，早着呢，我们的小作者又宕开一笔，换一个时间，转换一下地点，把故事引向深入。】

过了几十年，奇奇长大了。爸爸在妈妈去世后不久也走了，只剩下奇奇了。他搬了出去，在一个乡镇上生活。当然，这里也同样没有人，只有一片土地和一间老旧的小屋子。他在这里种了一块庄稼，每天辛苦劳作，只为填饱肚子。

为了防止其他动物来偷吃，他围上了一圈篱笆，生活也还过得不错。慢慢地，他也渐渐老去了。

【奇奇成了孤儿，长大了，过上了自给自足的乡野生活。为什么要写"围上了一圈篱笆"？不是闲笔，后面会派上用场的。奇奇老了。故事也该收场打住了吧？如果按常规思路，写奇奇去世，文章就显得有点狗尾续貂了。我们的小才女没有犯这个错误，她的结尾很精彩。】

"唉，要是爸妈还在就好了！"

"唉，要是人们没有变成动物就好了！"

"唉，要是可以穿越回小时候就好了！"

"唉，唉！"

【语言精美传神。连用"唉"字，复沓排比，一唱三叹。加重笔墨，写出了奇奇丰富的情感和美好的心灵。接下来怎么写？故事有一个怎样的结局？】

当他种的菜慢慢成熟，当他种下一批新菜时，他就会觉得自己变老了。

一天晚上，月色非常朦胧，圆圆的月亮上抹了一层淡淡的白云。年老的奇奇从月光照亮的湖水中发现了自己稀疏的头发，他明白今年的庄稼自己是吃不上了，于是他将篱笆拆掉，毕竟也派不上用场了。

【篱笆，又写篱笆，用这样的物像和细节写奇奇的同情心，构思十分巧妙。淡淡的白云，月光照亮稀疏的头发，语言细致生动，写作功力非同寻常。】

早晨，朝阳从东边跑出来了，跑得脸都红扑扑的。奇奇一早起来，他有一个一直想实现的愿望——回家。

【回家？回家是情之所至，理所当然的，但没有了父母，还有家吗？家在哪里？回家又想干吗？有点悬念了吧？】

他上路了，并陷入了深深的回忆中。

从前，也就是人类刚变成动物时，他们倒还保留着人的性格，他曾看见过一队白马和一队黑马在踢足球，还曾见过猴子在等红绿灯……可他抬眼回到现在，高楼上爬满了爬山虎。回到家，他发现了一张满是灰尘的照片，上面有三个陌生的人在微笑着，这是爸爸吗？是妈妈吗？是我吗？

【踢足球，等红灯，爬山虎，一张满是灰尘的照片上有三个人在微笑。典型场景，典型细节，典型物品，在上文回忆的基础上，再用插叙写以前的生活，对过往生活的无限眷恋，对父母亲人刻骨铭心的思念，都写得力透纸背，淋漓尽致。小作家有如此写作才气，真是不服不行。】

最终，他离开了家，选择了一个令他神往的地方——大海。

他向着大海的方向走，慢慢地走。他突然发现身后跟着一群动物，他想：让他们吃了我吧，反正我也要死了。

他义无反顾地走进了大海，海水漫过了他的身体，可他发现自己竟能在水中呼吸，他转过头，发现自己变成了一只海豚，跃出水面，发现所有的动物都在送别自己，仿佛还看见了爸爸、妈妈……

原来，他只是原本没有生活在那个属于自己的大海里！

【结尾是神来之笔。奇奇走向了大海，奇奇也变成了动物海豚，奇奇和父母亲友在另一个世界团聚了，奇奇生命的绝唱里流淌着亲情和友情的美好旋律。】

亲情，友情，这是人世间最美好的情感。写的是人变动物，歌颂的是人类永恒的主题。奇思妙想，想象大胆奇特美好，语言洗练精美又细腻传神，真是一篇不可多得的精品佳作。

人可以变成动物，但亲情永远不会改变，永远感动天地。意外，惊奇，颠覆常人的想象。

在经典文艺作品里，这种"惊奇元素"是创作成功的不二法宝。

索科洛夫告别妻子、孩子参加卫国战争。受伤，被俘虏，在德国集中营遭受了两年的非人折磨，终于死里逃生回到祖国。然而，他朝思暮想的妻子和两个女儿早被敌机炸死，唯一的儿子也已经血染沙场。这是苏联作家肖洛霍夫在小说《一个人的遭遇》里讲的故事。战争，受伤，集中营，亲人全部遇难，太多的惊奇元素叠加在一起，写尽战争的罪恶。

一个年轻人，同时爱上了几位姑娘，这些姑娘也爱他。但是，最终他发现，这几位姑娘都是他同父异母的妹妹。你读过没有，这是金庸《天龙八部》的故事，男主人公叫段誉。同时爱上的几位姑娘，怎么可能都是他的妹妹呢？这就是惊奇元素。

一个男人含冤入狱，在牢里十多年，用一把小鹤嘴锤，挖出了一条通道，终于越狱成功。你看过吗？这是电影《肖申克的救赎》的主要情节。只用一把锤子，怎么可能挖通监狱呢？这就是特别吸引人的惊奇元素。

请记住，惊奇元素在写作和创作中十分管用！

（2023 年 12 月 13 日写于张家港莱园）

24. 狗和羊都爱上了猫

阅读提示：在语言能力都过关的情况下，谁的文章能够出彩，关键看构思，看故事是不是精彩，是不是有新意。

小学生能不能写爱情题材的作文？我的回答是，能，一定能，没有理由不能！

写爱情故事，好玩，有趣，够刺激，才思泉涌，能写出好文章。

写爱情题材，孩子没有生活体验和经验，能写好吗？能，一定能。因为他们从小就在绘本、动画片、童话等的欣赏中，以及在生活中耳闻目睹了许多爱情故事，有间接生活经验。而且，作文本来就应该一半是生活，一半是想象，一半是真实，一半是虚构。

2023年8月7日，"老高私塾"的作文题目是"狗和羊都爱上了猫"。写爱情，而且题目就包含了矛盾冲突——没有矛盾，没有障碍，就没有好的爱情故事，古往今来，所有的文学作品莫不如此。

小才女谢朔沂（优优）深谙如此创作巧妙，写出了十分精彩的美文。

"花花是我的！"旺先生瞪着眼睛对绵经理吼道。

"不，这朵小菊花只能属于我。"绵经理拉起三花猫花花的手。

旺先生拉起袖子，把手臂上的肌肉在花小姐和绵经理面前显摆，说："花小姐，当你有危险的时候，只有我能护着你。"

绵经理毫不示弱："小宝石，我们家呀住在青花院，那可是镶满宝石的大别墅，每天有101个女佣服侍你，只要嫁给我，你就能享尽荣华富贵。"

"在我家，你还能享受我春风般用心的呵护，你想想，多有面子呀！"绵经理伸出10个手指，只见上面戴满了金镶玉戒指。

旺先生怒吼一声："哼，小花花呀，小花花，我们可是青梅竹马，别信那无道的小人，走，我们走！"

说着，旺先生抱起三花猫，跑了。

他们跑进一片花海中，旺先生编出一条花裙子，给花小姐穿上。啊，她可真动人。旺先生想。

"你……你能……嫁给我吗？"旺先生羞红了脸，"我可是参加过大力神空手道比赛，还拿了第一名。你别看我人高马大，做起裙子来可是心灵手巧，看，你身上的花裙子就是我做的。"旺先生抱起猫就亲，这时，绵经理从远处跑来，挡在旺先生和花小姐中间，"你想干什么？"

旺先生很生气，眼看就要和绵经理打起来了。花小姐突然大吼："听着，你们两个之前可是知己好友，可是如今为了我，却吵得天昏地暗。我很爱你们两个，所以我将同时嫁给你们，别伤了感情！"

接下来，你就会看见历史上少见的奇观：狗和羊拉着猫，三个人都满面春风，一起快乐地走进了婚礼殿堂。

猫嫁给旺和绵两位先生后又怎样了呢？别急！听我讲。自从嫁给他们之后，猫活得自由自在，每天吃着绵先生带来的山珍海味，穿着旺先生做的裙子。每次，她都会笑着说："我是世界上最幸福的人！"

以上是优优作品的全文。语言好，内容好，写作技巧好。文笔一流，写作才华横溢，可喜可贺！

本文最大的特点，是矛盾转化的处理。狗和羊都爱着猫，一场爱情争夺的战争会不会腥风血雨，你死我活？读者正在担心、揪心之时，意外发生了——小猫同时嫁给了两个人！出乎意料，神来之笔，皆大欢喜。当然，一女嫁二夫，虽构思上有新意，但从传统观念出发，价值观不妥，仅为创作需要。

在语言能力都过关的情况下，谁的文章能出彩，关键看构思，看故事是不是精彩，是不是有新意。

小才子汤恩卓创作的故事是这样的：

小狗旺旺和小羊财财都喜欢小猫喵喵，在一阵言语争吵后，双方竟然大打出手。小猫痛苦地问妈妈："我们三个本来是好朋友，现在他们俩为了我反目成仇了，我该怎么办？"妈妈建议道："都拒绝！"

小猫采纳了妈妈的意见，把小狗和小羊约到一起，对他们说："你们一个是杂食动物，一个是食草动物，而我是食肉动物，我们不可能走到一起，对不起，拜拜！"

小狗旺旺一看没希望，便走了。而小羊财财没有放弃追求，一如既往地陪在小猫身边。

结果呢，大家应该知道了吧？不久，小猫喵喵和小羊财财举办了隆重的婚礼，旺旺也应邀来到现场，不过，他懊悔不已。

有矛盾冲突，有悬念期待，转化也自然合理，令人高兴。小作家构思巧妙，文笔老到，作文写成了作品，写作变成了创作，值得赞赏、推荐。

东东、可乐等同学在构思上也各有巧妙，故事有趣、好看。

在一个文明开放的社会，在一个倡导生活即教育的校园和课堂，应该是阅读无禁区，写作无禁区。

没有禁区，自由写作，孩子们思绪飞翔，语言就神采飞扬，让人感动。

"能嫁给我吗？我以后所有的肉骨头、火腿肠、狗粮、狗罐头，这些好吃的，统统给你。"这是狗狗小哈对小猫金金的豪言壮语。

"嫁给我吧，我带你去吃这片森林里最嫩的草，最鲜的蘑菇，最香的木耳。"这是小绵羊绵绵对金金的海誓山盟。

"我帮你舔毛，抓跳蚤，挠痒痒，还给你抓鱼吃！"

"金金，缺房子吗？我的豪华大羊圈给你呀！24k纯木栏杆，超大空间，能让你肆意玩耍。"

"金金，缺吃的吗？我现场打捞鲜活又美味的大鲤鱼给你吃呀！"

甜甜的对话描写充满生活气息，有趣味，有情感，有打动人心的穿透力量。

"嫁给我吧，芙蓉丝！我是怪博士的好朋友，以后让你衣食无忧，衣来伸手，饭来张口。"

"滚！一边去！芙蓉丝，我是妙博士的好朋友，我能让他给你造一艘宇宙飞船，我们想去哪儿就去哪儿！"

"不，芙蓉丝，我有钱，有时间，而且比那只羊长得帅，妥妥的高、富、帅！"

东东的语言特别生动活泼，他能把刚读到的怪博士、妙博士编进来，把宇宙飞船这样的高科技名词用在这里，好语如珠，妙趣横生。如果在构思和编故事的能力上更娴熟一些，东东具备拿最高分的潜能，我期待着！

描写，描写，好作文离不开好的描写。学会了描写，细致、生动地写出人物个性和情感，写出人物的喜怒哀乐，把读者带到现场，把生活场景呈现给大家，这样的文章，就会讨人喜欢，让人爱读！

（2023年8月9日写于张家港菜园）

25. 一只令人朝思暮想的猫

阅读提示：编故事，讲故事，有一些基本技巧和套路，说好听点，这是作文的构思艺术。讲究构思艺术和方法，故事才能好看，作文才能出彩。

作文是什么？作文就是故事，就是创造。

编故事，讲故事，有一些基本技巧和套路，说好听点，这是作文的构思艺术。讲究构思艺术和方法，故事才能好看，作文才能出彩。

张家港市世茂小学五年级男生蒲泽楷，就很有点艺术，很懂得方法，他用满分作文，表现出了妙笔生花的小作家的写作才气。

这是学校"九溪树文学社"的第一次写作，题目是"狗和羊都爱上了猫"。让我们一起走进他的作品。

在一个美丽的农场里，快乐地生活着一只名叫林克的狗狗和一只名叫多莉的小公羊。它们俩是一对要好的朋友，总是在一起玩耍，形影不离。

【落笔展现和谐快乐的生活画面，语言干净利落。注意，为什么强调主人公是形影不离的好朋友？】

这天，林克和多莉正在散步，突然，它们发现，农场的屋顶上坐着一只猫。这猫实在是太美了，把林克和多莉都迷住了。

【第三个人物出现，好戏随即登场。】

沉默了一会儿后，林克说道："她，好美啊！""是啊。"

林克似乎想到了什么，说道："我记得这附近好像没有猫呀。"

多莉也说道："确实。不过，这只猫真的好美啊！"

由于有了这个小插曲，两个人都沉默不言地回了家。

它们都爱上了那只猫。

【为什么要让林克说这儿好像没有猫？伏笔，你知道吗？原文没有分段，我替他分开了段落，表现效果更好。记住，分段也是一种艺术手法。】

第二天清晨，狗一下子就爬了起来，一口气跑到了屋子外面。结果正好与也是跑来的多莉撞了个满怀。两个人都惊讶地看着对方，一下子都脸红了。

【情节在展开。动作描写和细节描写，使现场感强，而且把人物的心理和情感表现得生动逼真。"脸红了"，多精彩！】

多莉吞吞吐吐地说："林克，我……折了一个……纸飞……机，你，能帮我投给那只猫吗？"

原来，猫依然坐在屋顶上。

林克爽快地说："行！"说罢便接过纸飞机，用力往上一投，纸飞机不偏不斜，正好停在了那只猫的身旁。

一分钟过去了，猫纹丝不动。林克疑惑地说道："它没看见？"多莉沮丧地摇了摇头。

【多莉开始了爱的行动。文章充分发挥标点符号的修辞作用，更好地表现了人物激动羞涩的心情。"猫依然坐在屋顶上""猫纹丝不动"，又是一次伏笔。折纸飞机和相关动作，很有童趣和情趣，也很有个性。多莉就是用这种特别的行为方式表达着对猫的爱慕，也为下文做了铺垫，制造了悬念：猫为什么无动于衷呢？】

就这样日复一日，林克、多莉每天都会来到屋子外面，望着那只一直坐在屋顶的美丽的猫。

狗和羊每去一次，就会更深爱一次猫。

【情节过渡，接着要进入高潮了。】

这天晚上，狂风与暴雨席卷而来，多莉和林克躲在屋里取暖。多莉叹了口气，走到林克面前说道："林克，我觉得我爱上了那只猫。"

一句话，如同闪电一般击碎了林克的心。

雨继续下着，林克怒视着多莉，说道："你，你……我才爱它呢！"说完便跑了出去，任凭雨水打在身上。

【惊心动魄的爱情故事，往往发生在暴风骤雨的晚上。我们作品的故事情节发生变化了，原来，好朋友林克也深爱着猫，多莉有了情敌！制造矛盾冲突，设置障碍，故事才好看。"多莉叹了口气""林克怒视着多莉"，细节描写细致生动。另外，用细节描写作为对话中的提示语，也增强了对话的表达效果。】

林克心里想，我一定要走到"它"面前，说我爱它。

林克怎么想的，多莉就怎么想的。

天还没亮，多莉就跑到了直通屋顶的小土坡——林克已经站在那儿了！

就在同时，林克与多莉猛地冲了上去。狗，自然比羊跑得快。

等多莉也跑上去的时候，狗已经在屋顶上坐着了，但一动不动。

多莉跑了过去，一看：它们日思夜想的猫，居然是一个纸牌！

太阳从地平线升起，将金黄的光洒满了整个世界。

【结尾精彩极了，美妙极了。两个人心中倾国倾城的猫，两个人朝思暮想的猫，让两个好友成为情敌的猫，竟然是一个纸牌！一只假猫？是的，一只假猫！想不到，实在想不到，然而，这却是事实。出乎意料，又在想象情理之中，这种结尾艺术叫情节翻转。】

是作文，也是作品。是写作，也是创作。

字迹工整秀丽，卷面整洁漂亮，构思自出机杼，文笔优美，语妙绝伦。蒲泽楷，感谢你给世茂小学"九溪树文学社"送了一份珍贵的见面礼！

骄傲，我们是世茂小学的文学之子！骄傲，"九溪树文学社"是我们成长的摇篮！

（2023 年 9 月 20 日写于张家港莱园）

26. 两只狼

阅读提示：写作，讲故事，刻画人物形象，不仅是一种语言能力的训练，也是一种情感体验和感受的经历。相同的题材，不同的写法，不同的构思，不同的结局，不同的形象，但有一点是共同的——人性，讴歌人性。

短篇小说《狼行成双》，是我大语文读写课堂里的经典教材。

他，公狼。她，母狼。他们已经生活在一起九年了。他，凶猛勇敢无比，也敢于担当，是她的守护神。她，仪态优美，风情万种，也喜欢惹是生非，常给他带来麻烦。让人高兴和感动的是，他们一向相依为命，患难与共，相濡以沫。

这天夜晚，他们外出寻找食物，他不小心掉进了很深的一口陷阱……

阅读到此打住，续写故事，题目就是"两只狼"。

小学高年级和初中混龄班的孩子们，笔底生花，佳作迭出。

把作品归一下类，主要有以下几种构思和写法。

第一类，凄美悲壮，向死而生。

按照通常思路，按照故事情节的常规发展方向，公狼落入很深的陷阱，是没有办法爬上来的，是必死无疑的。

母狼呢？夫妻本是同林鸟，大难临头各自飞？危急关头，母狼自顾自逃生、苟且偷活了？这样写故事就没有意义了，好在 14 个孩子没有一个这样糟践母狼形象的。

因此，写两只狼为爱殉情，写出他们爱情故事的凄美悲壮，这是比较多的一种思路和写法。郭圳轩、郭骏霖、陈冠呈、何宁馨等人写得特别感人。

忽然，她肚子里传出一阵奇怪的声音。他猛地一怔，把头贴到了她的肚子上。

她怀孕了。

"听我的，快走吧……只要你在，孩子们在，就还有希望！我不想孩子还没来到世上就死去。等他们出生了，你告诉他们，我是为了保护他们而离开的……"

她终于走了，留下他独自面对死亡。

此刻的他，望着愈来愈近的火光，纷飞的雪花犹如死神使者，呼啸着。

而他，宛若一位战神，在迎接自己最后的光明。

悲壮，悲壮得山河呜咽。凄美，凄美得让人心碎。小才子郭圳轩落笔成章，文不加点，没有一个字修改涂抹，没有一个标点发生差错，1200 字仅用 50 分钟一气呵成，第一个交卷。文章能写得如此精彩感人，真乃握瑜怀玉的文章星斗。

猎人拿起猎枪，瞄准了她。一缕青烟从枪口飘出，白色的雪花被染成了红色。

刚从洞口出来的他看见了这一幕，便疯狂地冲向了猎人。

又是一声枪响，一蓬血花从他胸膛中绽放开来。

倒地的声音响起，他用尽最后一丝力气，再看了她一眼，便永远地闭上了眼睛。

同样是悲剧，同样是悲壮得感动天地，郭骏霖同学的文笔真好，遣词造句，珠玑咳唾，感人至深。

第二类，好人好报，结局温暖。

陆蕴隆的杰作是这种写法的代表。

先是几个小伙子听说有狼掉入了陷阱，便立即回家拿出猎枪。

接着，一个小朋友知道了情况，便来到村口，挡住猎手。因为村里有好多口枯井，善良的孩子不忍心看到公狼被猎杀，便故意把猎人往不同方向带路。

猎人失望离去。小朋友又转身来到公狼那里，很快用木桶救出了公狼。

文章结尾写道：

> 公狼回到了地面，非常开心，蹭了蹭小朋友，便和母狼一起，踏上了回家的道路。

转危为安，夫妻双双把家还。好感人的一个故事，好温暖的一个故事。小作者有一颗善良的童心，才会创造出机智、善良的儿童形象。动物题材，写出了人性之美，写出了人性的光辉，真好！

五年级女孩孙夕越塑造了一个富于同情心的好猎人形象，这个善良的好人，在关键时刻，成功劝说同伴放弃猎杀，并用往井里灌水的办法救出公狼，让一对狼夫妻顺利逃生。

构思有新意，都是善良的好人，狼可以不吃人，人可以不杀狼。这样的故事，让人耳目一新！

男生肖子涵也是这种写法，也是写一个小朋友，他成功地劝说爸爸放弃杀戮，使两只狼得以劫后余生。可惜，文章没能很好地展开描写。

第三类，齐心协力，成功自救。

> 就在她一身湿漉漉地往回走的时候，突然，她想到，之前她掉到水里，他用木头把她浮起来，救她……

他心领神会，立刻抱住了木头。经过一段时间，水已经灌满了整个枯井，而他也抱着木头浮了上来，她把他拉了上来。

从生活真实的角度看，这种要躲开猎人追杀的自救逃生，可能性很小。但作为文学创作，这样写更能表现人物性格，塑造美好的人物形象，符合艺术的真实，值得肯定和点赞。金子恒，好样的，为你喝彩！

有意思的是，男生虞承轩构思设计了两种不同的结局。

第一种，母狼帮助公狼跳出了枯井，自己却惨死在猎人的枪下。

第二种，他们在枪声中侥幸逃脱。"他们赶紧飞奔，离开了猎人的视线。他们幸福地依偎在一起，发誓永不分离。"

新学期第一次作文，给我带来十分惊喜，厉害了，我的孩子们！

写作，讲故事，刻画人物形象，不仅是一种语言能力的训练，也是一种情感体验和感受的经历。相同的题材，不同的写法，不同的构思，不同的结局，不同的形象，但有一点是共同的——人性，讴歌人性。比写出美文更重要的是，我高兴地看到，孩子们都有一颗金子般美好的心。

文学是美和善的源头。读感动天地的《狼行成双》，写《两只狼》的故事，在这样的过程中，在这样的时空里，男孩、女孩的内心都会变得更加柔软和温暖，同情善良的人性之光会变得更加通透、明亮。

（2023 年 9 月 22 日写，23 日定稿于张家港莱园）

27. 一个凄美悲壮的爱情故事

阅读提示：一半是生活，一半是想象。一半是真实，一半是虚幻。一半是兽性，一半是人性。构思如此大胆奇特。

要不是在自己的眼皮底下看着她交卷，打死我也不敢相信，小学生居然这么懂得爱情。请欣赏张家港市东莱小学六年级潘依铱的杰作《一个凄美悲壮的爱情故事》。

一只狼爱上了一只羊。

荒谬吧？

但你不可否认，他们就是相爱了。

他是什么时候爱上她的呢？

狼先生看着羊小姐曼妙的身姿想道，也许是看到她的那一眼起吧，也许是和她对视的那一眼起吧，也许是……

他想着想着，仿佛觉得羊小姐来到了他的身边。

"哦，我亲爱的羊小姐，你为何如此迷人？我患上了相思病，只有你才是我的解药，你什么时候才会属于我呢？"

同一时间。

她是什么时候爱上他的呢？

羊小姐盯着倚在树下的狼先生想道，也许是他捕食我父母的时候吧，也许是他向我露出尖牙的时候吧，也许是……

她想着想着，仿佛也觉得狼先生来到了她的身边。

"哦，我亲爱的狼先生，你为何如此英俊？我像个思春期的少女，盼望着你的到来。我什么时候才会拥有你呢？"

两个相爱的灵魂被天上的天使得知了。她望着地面上两个"胆小鬼"，感叹道："恋爱中的胆小鬼，连诉说情愫的勇气都没有，看来需要我出马了！"

她刚想施展魔法，却被丘比特制止了："不，别这样！跨越物种的恋爱是不会有好结果的，更何况，他们两个还是天敌！他俩要是在一起，后果不堪设想！"

天使却不听劝阻，施展魔法让两人表白了。

回到地面。狼和羊不小心对视了一眼。只这一眼，两人便不知抽了什么疯似的，朝对方奔去。

"羊小姐，我爱你！"

"狼先生，我爱你！"

两人在奔向对方的过程中同时说出了那句震撼人心的话。

空气安静了。

"那个，"狼先生羞涩地说道，"我能娶你吗？"

"我……我愿意！"羊小姐既紧张又兴奋。

"那让我吃掉你吧！"

"那请你吃掉我吧！"

两人不约而同地说出了这两句话。

两人微微愣了一下，随即，狼先生十分神气地张开大嘴。

羊小姐十分欢喜地钻了进去，边钻还边说道："这样我就能完全属于你了，我们融为一体。永世不可分离！"说完，便被狼先生吃掉了。

你的灵魂永刻地底，我的灵魂向死而生。

吃完羊小姐后，狼先生略微不满："她那么爱我，怎么肉就这么一点儿？嗯，不爱我，我得找一个更爱我的。"

说完，他又寻找起了下一个"羊小姐"了。

神了，小学生居然能写出如此精彩的爱情小说！

如此诗意盎然，又如此血腥残忍的故事！

如此温柔细腻，又如此惊天动地的爱情！

这哪里像小学生的当堂作文，分明是哪位作家的精品小说！

一半是生活，一半是想象。一半是真实，一半是虚幻。一半是兽性，一半是人性。构思如此大胆奇特。

故事一波三折，紧张惊险，让人窒息，让人感动到流泪，又愤怒到无语。

悬念，变化，意外，编故事的一些常用套路，运用自如。据小作家本人介绍，情节没有任何借鉴，一看到题目，便一边想一边写，一小时文不加点，一气呵成。

"一只狼爱上了一只羊。"落笔便是悬念，激发读者阅读兴趣。

在一大段很抒情浪漫的心理描写后，让天使和丘比特登场。情节出现波折，爱情出现了障碍——没有障碍和矛盾冲突，故事就不好看了。伟大的爱情往往有天大的障碍。

天使没有听从丘比特的劝告，施展魔法，成全了似乎是真正相爱的他们。

美好了吗？圆满了吗？没有，没有！狼的一句"那让我吃掉你吧！"简直是神来之笔，情节陡然发生意外和惊险。不过，别急，读到这里，我们还以为这是爱情的延续和发展，以为狼已爱得发疯变态，羊已因为爱情弱智得一塌糊涂。

在被吃之前，羊小姐的那段表白，让我们感动得昏天黑地。

想不到，实在想不到，故事的结局又发生了惊天意外：狼性未改，羊小姐以身殉情。悲剧如此凄美悲壮！

这样的故事，这样的结局，让我们一下子想到了现实生活中的某些人类！

悲剧往往把美的东西展示给读者。狼的丑恶卑鄙，不正衬托出了羊的纯洁伟大?!

除潘依铱，刘诗懿、张玉瑶、暴安然，各有千秋，都得了满分。能写出如此美文，能批判人性丑陋、讴歌伟大爱情，这样的小学生真是了不起。

孺子可教，为孩子和学校高兴。未来的大作家正在东莱小学的校园里成长。

（2022 年 11 月 2 日写于张家港莱园）

第四辑

同题异构

在不同的学校，不同的年级，写同一个题目，同题异构，题材丰富多样，写法各有巧妙。不同的构思，不同的故事，不同的形象，不同的命运和结局，但有一点往往是相同的，那就是人性，是讴歌人性。

比写出美文更重要的是，通过文字，我看到了孩子都有一颗金子般美好的心。

28. 铃声响起（李）

阅读提示：魔幻手法是本文的一个艺术特色。风铃花，小鹿偷去铃铛，丛林里铃声悠扬，现实生活中不可能出现的现象，借助虚幻和魔幻，都能一一呈现。

张家港市世茂小学小才女李晨溪，堪称满腹锦绣。少女情怀都是诗，这句话送给她很贴切。

在他们学校的"九溪树文学社"里，李晨溪、陶佳昊、彭禹洲、吴佳妮，个个都是文章高手，真是群英荟萃，后生可畏。

本文也是现场写作，在一小时多一点的时间里，能够如此快速构思，下笔千言，而且故事情节曲折离奇，语言清新优美，充分展现出她的写作才华。

请阅读她的作品和我的点评。

"丁零零……"
丛林中又飘来了这样一段铃声，和从前一样，好似带了几分思念。
【第一个字，第一句话就紧扣题目。接着写出故事地点，是树林。末句有潜台词，耐人寻味，和从前一样？几分思念？有点悬念。】

上一次踏进这片丛林，已是三个月以前的事了。当时我的确带了铃铛进去，为的是不在林中和同伴走失。

现在，蓦然听到铃声，我有些错愕，当下就检查了所有的铃铛，并排除了许多原因，却仍旧没有发现铃声来源。

【第一人称，方便讲故事。】

今晨，我发现家中所有的铃铛都离奇失踪了。虽然距发现第一段铃声已有些时日，可是我按捺不住进这片林子的心。

【家中铃铛全部失踪，制造虚幻，有了悬念，也是伏笔。这段属于插叙，介绍再一次走进林子的缘由。】

于是，我带了些水和干粮，拿起手电筒出发了。我并不想伤害林中的生灵，只是想知道铃铛在哪儿。

【第一人称娓娓道来，逐渐接近故事的核心内容了，知道吗？这就是"生灵"——真正的主人公马上登场。】

"丁零零……丁零零……"

林中原是很安静的，可当铃声响了几次以后，一些细碎的声音就越来越多了。这令我感觉后背发凉，毛骨悚然的感觉瞬间爬上了我的身体。

【又是铃声，是线索，是脉络，也是故事本身。这里文笔细腻，细碎的声音，后背发凉，为主人公的出现进行铺垫。】

"丁零零……咯吱……丁零零……"

我一下子反应过来，要知道铃铛盗贼是谁，可以用相同的声音来引导"它"呀！

我拿出了手机，打开了录音的软件。希望"它"过来时不会猛扑到我身上。

【这里的心理描写很重要，是情节的一个转折。用相同的铃声引诱生灵，高招，小作者的脑子真好使。】

"丁零零……"

"丁零零……"

"咯吱……"

成功了，那踩着落叶的脚步离我越来越近了，我把包放到地上，为了等一下更好逃跑。

【铃声，拟声词，反复出现，把情节串联了起来。分段，标点符号，都是强化文字表现力的艺术手法。准备逃跑，这种心情，这个细节，让故事的紧张气氛走向高潮。】

那影子突然扑到我面前，我吓得接连向后退了几步——它有好多长在触手上的脑袋。

等等，这是一只鹿，一只将铃铛挂在犄角上的鹿，一只迷茫在乳白色雾气中的鹿，一只眼角溢满泪水的鹿。

【主人公登场，用整齐句式描写这只鹿，一只美丽的鹿，一只悲伤的鹿，一只有故事的鹿。怎么回事呢？快，快给我们详细道来！】

不久前，我们村远近闻名的猎人捕到了一只雌鹿。它被带回村中时，大人们都在欢呼，无数的赞美之声包围了他。

这只鹿是不是它的孩子？

【哦，原来如此。一只失去了母亲的鹿，一只还是儿童的小鹿！】

在林子深处鹿的家中，它们常常会将风铃花用魔法变作铃铛，用来呼唤同伴，因为这个声音只有同伴能听见。

妈妈讲的故事令我茅塞顿开。

【插叙妈妈讲的故事，让上文所有的谜团都有了解释。风铃花，魔法，用虚幻手法，便于展开故事情节。】

所以当猎人捕获鹿妈妈后，它思念妈妈，可它已经把风铃花用完了。我不禁猜想，虽然它将我的铃铛拿走，可仍不能寻回母亲。现在它已经不顾生命危险，出来寻找母亲。唉，它真可怜呀。

我想，我的猜测一定不错。

【故事情节进入高潮，可怜的小鹿，可爱的小鹿，可敬的小鹿。"我"和鹿，人与动物，将上演怎样的喜剧呢？】

毫不犹豫，我将它的铃铛解下来挂在树上，希望风可以指引鹿妈妈的灵魂回到故乡。

【铃铛，还是铃铛，成了生命和亲情的媒介。】

接着，我紧紧抱住了它。虽然它灰色的眼睛中充满了防备，但它还是很信任我。

一人一鹿，就这样相拥在铃声阵阵的林子中……

【结尾写得很美，很有画面感，一人一鹿，如一尊雕塑，铃声悠扬，为他们歌唱。】

本文写于 2023 年 12 月 28 日，是李晨溪诸多美文中的代表作之一。文章第一个艺术特色是对于美好人性的展示。这既表现在小鹿身上，不顾生命安危，盗铃寻母；也表现在作为人物的"我"——一个孩子身上，遇见小鹿，知道真相，慈悲情怀让她不忍伤害如此美好的生灵，于是毫不犹豫地助鹿寻母。要知道，这里有一个对比的存在。村里的成年人猎杀动物后，欢天喜地，而"我"却如此善待小鹿，童心童真之美在文字中闪闪发亮。"我"，小鹿，两个人物相互映衬，一起谱写了一曲大爱颂歌。

第二个艺术特色是构思巧妙。文章以铃声为线索，把"我"和小鹿组成关联。全文的核心情节，是小鹿冒险寻母和"我"爱心助鹿。在故事叙述时，作者运用悬念方法，一步步推动情节发展。先是听到熟悉的铃声；然后是家中铃铛失踪；接着是村民捕获母鹿，猜测会不会有孤孩寻母；最后是"我"把铃铛挂在风中的树上。铃声阵阵，铃声悠扬，在惊险和精彩的故事中，闪耀着人性的光辉。

第三个艺术特色是魔幻手法的运用。风铃花，小鹿偷去铃铛，丛林里铃声悠扬，现实生活中不可能出现的现象，借助虚幻和魔幻，都能一一呈现。而且通过细致逼真的描写，一切都显得那么真实自然。

文笔流畅，语言优美，文字如行云流水，也很值得我们欣赏学习。

（2023 年 12 月 31 日写于张家港菜园）

29.铃声响起（陶）

阅读提示：作者想象大胆美好，思维活跃，从现实到虚幻，从生活到文学，想象的意义正在于把虚构变为了真实。

《铃声响起》一文，陶佳昊把高度生活化的题目，运用时空穿越的方法，写得很虚幻，很洒脱，体现出非凡的构思创造能力。请欣赏作品全文和我的点评。

"丁零零"——上课铃响了。

【没有一句废话，落笔便是描写，便是故事，这就叫开门见山。上课铃？对，很生活，很现实，总以为他要写真实的校园和课堂生活了，想不到……】

我正在走廊里闲逛，被这熟悉的铃声吓到了："完了，上课了，我还没有回到教室，完了，完了……"

我赶忙一路小跑回到教室，刚推开门，一股俏皮的香烛味儿钻进了我的鼻孔。"这不是语文课吗？照理来说，这次应该是我们来表演四大名著的片段。"

【心理描写，动作描写，惟妙惟肖。句子短，语气急促，生活气息浓郁。末句承上启下，显得自然流畅。香烛味一句，预示着故事要进入虚幻了。】

哦，对了，我补充一句，先前，第一组表演《借东风》，第二组表演

《武松打虎》，第三组表演《石猴出世》。

【插叙，使上下文衔接更真实、紧凑。】

正当我疑惑之时，门却"刷"地一下打开了。眼前的一幕差点儿让我惊掉了下巴……

【正式进入梦幻世界了。语言生动、传神。】

教室不见了，眼前是滚滚江水，只见江边香烛与篝火在燃烧着，后边是八卦阵，诸葛亮身披道袍，站在上面。是的，就是诸葛亮，站在那边，施展道法。忽然，他双目凝神，吓得旁边将士一激灵。霎时，天上又下起了倾盆大雨，把篝火扑灭了。

【穿越了，从现实穿越到古代了，讲三国故事了。场景大起大落，从教室，一下子变换为浪涛翻滚的江边。香烛与篝火在燃烧着，身披道袍，双目凝神，倾盆大雨，细节真实，场面有点惊心动魄。】

顿时，我感到那阵原先把我往外推的风，又一下子狠狠地把我拎了回来。我一个没站稳，就要掉入那滚滚江水中。

【写历史故事，没有忘了把自己写进去，这是一个很重要的写作技巧。一个"推"字，一个"拎"字，很有动态感，作者的语言表达能力真是杠杠的。】

铃声又响起了……

【用"铃声响起"作为贯穿线索，过渡，文章进入新的场面、新的故事。】

但我没有感到有水，身下躺的明明是土地。我环顾一下四周，军士们不见了，而是一片丛林，原先的八卦阵变成了一块平滑的石头，上面卧着一个中年男子，手握一根梢棒，在呼呼大睡，看他那赤红的脸颊，一看便是喝醉了。

【从《三国演义》到《水浒传》，穿越法玩得行云流水，无缝对接。还是"我"的亲身经历，还是细致真切的描写，虽然虚幻，却写得像真实的一样，这就是语言的魅力。】

我刚想站起来，却发现无论如何，我只能手脚同时着地。我再一琢磨这一番场景，这分明就是《武松打虎》，难不成，我就是那只老虎？

【精彩极了。"我只能手脚同时着地"，"我"变成了老虎。超级想象，简直是天花板级的艺术想象力。】

我一愣，那完蛋了，让我当老虎，可是难逃一死啊！我想喊出来，却发出了一声巨大的虎啸声，也是这一啸吼把那酩酊大醉的武松吵醒了。

【用心理描写推动情节发展，演绎新版《水浒传》故事。】

"谁？是谁？"武松一翻身，跳下了石头，一眼就看到我，嘴里又咕哝着什么，一梢棒就打过来……

"嚓——"！第一棒就打在树上，十分不准，还把梢棒打断了。我摸摸身旁的梢棒，奇怪，这木梢棒，像纸一样，一捏就扁。那武松也是糊涂，都醉成这样了，还到这景阳冈。

【看到了吧，武松打虎的梢棒如纸，一捏就扁。这样的细节，这样的故事，只有天才般的陶佳昊才能写得出来，我们的江苏老乡施耐庵如果读到，也会自叹不如吧。】

很快，武松便一拳打过来，不知怎的，我并没有感到疼，但很快，我就被打"死"了。浑身轻飘飘的。这才发现自己又变回了人，脚下是一具老虎的尸体。

"丁零零……"——下课铃响了。

【故事似真似幻，若有若无。最后铃响梦醒。】

我终于回到了教室，只见同学们个个都在整理道具，我明明坐在自己的座位上。"这肯定是一场梦。"我翻开语文书，自言自语道。

但很快，我又傻眼了，因为耳边传来一阵若有若无的读书声："其虎见之，恐其勇，心慌，遂死。"

【结尾也是神来之笔。用课文，或者说是朗读和武松打虎相关的古文结束全文，有点余音绕梁的味道。从现实回到现实，结构上首尾照应。从武松打虎回到课文诵读，内容上前后呼应。写作手法和构思艺术的运用，信手拈来，得心应手，浑然天成，让人击节赞叹！】

本文最大的特色，是用穿越法组织材料，结构自然流畅。在汉语里，穿越通常指跨过、越过、穿过某个时间或空间的动作。作为科学和艺术手法，穿越往往指通过某种方式，如时间旅行，或空间转移变换，从一个时空点移动到另一个时空点的事件。在本文里，从课堂穿越到《三国演义》的地点，再转换到《水浒传》故事的现场，内容丰富多彩，相互的衔接自然紧凑。

此外，作品想象丰富。作者想象大胆美好，思维活跃，加上大量的知识储备，文章的可读性强。诸葛亮江边布置八卦阵，人身变虎身，武松醉酒打老虎，特别有趣的是梢棒如纸糊，从现实到虚幻，从生活到文学，想象的意义正在于把虚构变为了真实。

（2024 年 6 月 2 日写于张家港莱园）

30. 我怕黑

阅读提示：写人物，写出人物个性，重要的方法是要抓住人物的改变。同时，写人物贵在具体。经典的故事，经典的细节，标签式的外貌特征或常用话语，加上细致入微的生动描写，这样的文章想不好也难。

今天的作文题目是"我怕＿＿＿＿＿＿＿"。横线上填出你的写作内容。写作时间是 2024 年 3 月 31 日，星期天。

这是一种半命题作文。"我怕"，是特别规定，就是必须写你自己，必须写自己害怕的故事。横线上可以填写任何内容。怕人，如怕老师，怕爸爸或妈妈，怕某某同学。怕某些活动，如怕考试，怕写作业，怕运动，怕音乐课，怕数学课，怕学校召开家长会，怕走路，怕爬山，怕坐船，怕坐过山车，怕吃辣的菜。怕动物，如怕狗，怕猫，怕苍蝇、蚊子，怕老虎、狮子。害怕某种声音和色彩，如怕铃声，怕雷声雨声，怕老师喊自己名字的声音，怕汽车喇叭声，怕锣鼓或爆竹声，怕看见红色、黑色、灰白色。怕某些精神或心理活动，如怕回忆过去，不敢想象未来，怕做梦。如此等等，又是可以自由选择的，什么都可以写，每一个列举都是一个题目，都有可以作为写作题材的精彩内容。然而，要写得好，写出高分甚至满分作文，关键是要有经典故事，要有细致生动的描写。

每一种害怕都是一个题目，每一个题目里都有故事。张家港市第二中学初二男生郭圳轩的文章是《我怕黑》，这题目让人耳目一新。怕黑，怕黑色呢还是怕黑夜？为什么怕？怎样怕？具体情况怎样？结果怎样？他写出了令人赞叹的满分美文。下面就围绕郭圳轩的作品，进行一些分析鉴赏。

我从小就怕黑。我想，这或许与我丰富的想象力有关。

【落笔点题怕黑，是怕黑色呢还是怕黑夜？这就引起了读者好奇。还说怕黑和自己的想象力有关，怎么会有关呢？有什么故事吗？这就又制造了一点悬念。这个开头很不错。】

小时候，我的认知有限，很容易就会相信别人说的话。

【开始讲故事了，而且是自己的故事，很亲切。】

我记得很清楚，二年级时，有位同学带了本恐怖小说。我好奇，就拿过来瞄了一下。这一瞄，问题就大了。

第一眼，就是阴森恐怖的环境渲染，看得我直起鸡皮疙瘩。强忍着不适又跟着看了几页，看到真正恐怖的地方，实在忍不住了，就"哇"地尖叫一声，捂住眼睛，问同学故事是不是真的。

【看恐怖小说的故事，题材有现实意义。捂住眼睛这个细节描写真实形象。】

哪知这位同学一本正经地告诉我，这就是根据真实事件改编的。我也不知道他是为了吓我还是他真信。

我一听就慌了。哟，妈呀，这世上还真有鬼啊？！

【原来恐怖小说写的是鬼故事。哦，鬼？鬼故事？你小时候一定听说过吧？你相信吗？你害怕过吗？反正我一下子想到了自己小时候，我从小也是在害怕鬼和鬼故事中长大的。这样的题材，很能引起大家的同情和共情。】

然后我就问他："你怎么会看这种东西？"

结果他一脸激动地跟我说："这多刺激，多惊险！"

我当时就百思不得其解，为什么会有人爱看鬼故事？不会怕吗？

【对话描写，心理描写，行文亲切自然，语言干净利落。】

从此很长一段时间，每天晚上睡觉时，一旦整个房间陷入黑暗，我就会不自觉地紧张起来，仿佛真的有鬼在我的周遭徘徊，让我整个人不得安宁。

【哦，读到这里，我们彻底明白了，他为什么怕黑，恐怖小说害苦了他的童年。那么，以后呢？这种恐惧和害怕后来改变了吗？是怎么改变的？文章的构思设计，故事情节的发展，就是沿着这样的轨迹写下去的。】

在这种情况下，只有快速开灯，直到黑暗完全消逝，才能悄悄安抚我恐惧的内心。甚至有好几次出现过做了噩梦，半夜惊醒，就再也无法入睡的情况。

这种情况一直延续了很久，我也不敢告诉父母。后来长大了一些，知道那些鬼啊怪啊都是假的，但那种打小就刻在骨子里的阴影却仍旧挥之不去。

【继续写怕，写恐怖小说祸害的后遗症，既引起我们的深深同情，也很好地激发了我们的好奇心：后来呢？后来怎么样了？】

直到有一天，我再也受不了这种折磨，就将这件事情告诉了我父母。

得知了事情的原委之后，他们只是淡淡地笑了笑，还说难怪我之前一直喜欢和他们一起睡。

我颤抖着问他们："明明已经知道了那些都是假的，我却还是害怕，是因为我的想象力太丰富了吗？还是说，我就是那么软弱？"

【亲子之间的对话很真实，很生动，这里其实是在讨论一个严肃和重大的社会问题：长大的困惑。"我"得到有效帮助了吗？"我"克服或者说战胜了恐惧和痛苦了吗？请继续往下阅读，精彩正在进行。】

母亲叹了口气说："不是你软弱，也并不是你想象力太丰富，只是你心中的正念不够。"

正念?!

我暗自思考了很久：正念？没有听说过！

【精彩，到位，给力！这样的母亲，这样的精神盛宴，能为儿子，也为我们读者，点亮一盏心灯，驱逐大家内心和精神深处的黑暗。】

"这些年，你一直在玩游戏，看电视，看小说，而你又良莠不辨，你可能不觉得有什么问题，但其中很多东西，就已经不知不觉进入了你的潜意识，慢慢在影响着你。"

母亲摇了摇头。

醍醐灌顶！似乎确实是这样，那些小说或游戏里的东西，为我的想象提供了不少素材。

【心理活动，反思，启发，是成熟过程中一种拔节的声音。】

母亲继续说："所以，你想要摆脱那些东西也不难。不是说不玩游戏，不看小说，而是要学会选择。除此之外，要多出去看看世界，多一些人际交往，多融入丰富多彩的现实生活。除了虚拟的东西，这个世界还有太多的美好等着你去发现，不是吗？"

【高质量的亲子对话，热辣滚烫的精神洗礼，细腻精致的语言描写，让故事进入激动人心、欢呼不已的高潮和尾声。郭圳轩的文笔真好，行文亲切自然，没有一丝人为斧凿的痕迹。】

我似乎明白了很多。母亲这番话，并不是什么所谓的心灵鸡汤，而是实实在在地给了我启发。

就像现在，沉浸在学业和网络中的我们，有多久没有抬起头，仰望这美丽的星空了……

【结尾余音袅袅，文章的立意更深刻了：怕黑，需要的不仅是物理意义上的光亮，更重要的是仰望星空，点亮心灯。成长的困惑，成长的痛苦，成长的喜悦，都包含在如此富有诗意的话语里了。】

读完全文，我们为文章的思想高度喝彩，也为作者的写作技巧点赞。

本文在写作方法和艺术技巧上，给我们带来了这样几点重要的启迪。

一是写人物，要写出人物的改变。从怕到不怕，从迷惑困惑到豁然开朗，这就是改变，这就是全文的写作思路。

二是有好的故事。儿时看恐怖小说引起恐惧紧张，后来怕黑夜，再后来听母亲一番教诲，这是全文的基本情节，文章脉络清晰。在故事中讲述思想，表现情感，刻画人物个性，具有很好的艺术效果。

三是写人物贵在具体。本文的对话描写、心理描写，都十分具体真实，给人十分鲜明深刻的印象，人物的活动特别是心理活动，得到了很好的表现和呈现。

（2024 年 4 月 5 日写于张家港菜园）

31. 我怕分数不喜欢我

阅读提示：写小题材，让美好的思想情感和幽默机智的语言共舞，你也能写出高分甚至满分作文。

日常生活中，我们每一位同学每天都在经历着普通的生活：上课，写作业，考试，参加活动……这样的琐碎内容，这样的小题材，能写好吗？能写出高分甚至满分作文吗？

能，一定能。张家港市世茂小学吴佳妮同学，用《我怕分数不喜欢我》一文告诉大家，作文的优劣和题材没有直接关联，而语言水平和语言风格能决定成败。

《我怕分数不喜欢我》的语言风格幽默机智、细腻生动。全文妙趣横生，让人读来忍俊不禁。

请欣赏她的作品原文和我的点评。

"明天要期中考试了，复习吗？"脑传给我一个问题。"好，先复习语文。"我接收到了信息后回答道。

【写期中复习，太常见太普通的内容了，但一句"脑传给我一个问题"，立马让写法有了新意，让人顿觉眼前一亮。】

脑操控着手，拿出语文练习卷。95，98，96，哦，都是我打下的一片江山。我满意地审视了一遍试卷，丝毫不理错题。

【脑成了我？不，是第二个我，另一个我。"都是我打下的一片江山"，诙谐中透露出自豪。由此带出不理错题，开始制造矛盾了。】

错题急了："看看我，我才是你考高分的关键！"我不想理会，我都考那么好了，这些错题不用看也会做，何必看呢？

【错题急了，错题成了人，这里用了拟人手法。这里提出了全文的核心思想：要重视错题，复习纠错才是制胜法宝。也许，在课堂里，学生时常听到这话，耳朵都听出了老茧，但现在让错题直接说话，就觉得特别新鲜和好玩。】

脑说，拿英语。脑又操控着手，将英语试卷拿出。99，98，97，我连连得意地点头，眼珠子转了又转，还是不理错题。

【从语文到英语，内容相近，但在心理描写上有了变化，用细节写出主人公得意忘形的神态，写得细腻传神。还是不理错题，矛盾冲突还在继续。】

"看看我吧，不看明天会考不好的。"我眼睛微闭，嘴巴抽了抽，不以为然。

【又是生动的细节描写。】

脑，看数学。脑又操控着手拿数学卷子，85，84，88，咦？好低！"脑，我要看错题！"脑操控眼球认真扫过错题。"太好了，你明天数学一定能考好。"我昂着头，一脸骄傲。

【文字十分精美。短短一节里，记叙和描写结合，短句为主，描写为主。有对话描写、动作描写、心理描写、表情神态描写，你能分别找出有关句子来吗？】

考试开始了。咦，语文阅读理解怎么这么难？平时也是这些题，怎么脑里没有？脑，快搜索一下记忆。但没有发现任何与阅读理解有关的信息。我的心抖了一下，时间不多了，蒙吧！我屏息凝视，豆粒般大小的冷汗滚落。

【从复习写到考试。复习写了语文、数学、英语三部分，写考试也对应写三部分，这里是第一部分。复习语文时轻视错题，现在遇到了麻烦，前后呼应。"心抖了一下""豆粒般大小的冷汗滚落"，连用两个细节描写，把惊吓和恐惧表现到了极致。】

英语考试开始。咦，这是什么单词？我记得老师讲过，脑，给我找！没有找到哦，我打了下脑袋，又蒙了一道题。我咽了几口口水，这得扣多少分呀！

【写英语考试，内容和上段类似，心情也一样，但两处细节有了变化。"我打了下脑袋""咽了几口口水"，高度生活化，相当传神。这样的动作，如此这般心情，也许人人都经历过，但人人笔下却无，这就是作者的写作功力，了不起的吴佳妮。】

数学开考了。咦，好简单，之前的难题都会解，怎么回事？不管了，都写上。脑，这道题怎么写？这道题的答案是100。30分钟，一气呵成，我答完了。

【因为重视了复习错题，数学考试时答题解题一帆风顺，又是呼应前文。你发现了没有？写复习是三部分，写考试也是三部分，一一对应，结构整齐。】

"嘿，我帮你去看看你的成绩。""不要！"我大嚷。

"我……考得……反正，你别去！"我有些心虚，我对我的成绩十分没有信心。

"我就看一眼！"说完，错题便往老师办公室跑去了。

【写考试以后，久违的错题又出现了。了解考试分数，故事没有新意，但写法出人意料，推陈出新，值得学习。】

唉！唉，我真该好好复习的！我垂头丧气，我不敢面对成绩。英语88，语文92，数学98。

"唉，我就说很差吧。"我对脑说。"不可能呀！你复习了！"脑不相信。

不相信？错题真的生气了："你考前只看分数不看错题当然考不好了！复习的重点在于错题，分数只为了好看，现在，分数不喜欢你了，你变丑了！谁叫你考前不看我！"

我懊悔不已。

【两个自我和错题，三个人物之间的对话。"分数不喜欢你了，你变丑了"，颇有悲剧意味，但悲剧往往把美好的东西展示给读者。】

考前认真复习错题，分数永远都会爱你。

【结尾点题，语言干净利落。】

总结一下，这篇满分作品，主要有以下几点值得充分肯定。

一是立意好，要高度重视错题，这个主题思想有现实指导意义。

二是语言美，幽默机智的优美语句，令人捧腹又令人赞叹。

三是用细节描写表现人物心理，活泼生动，让人过目不忘，久久回味。

吴佳妮这次拿了满分，徐伊诺和彭禹洲也是满分，一次作文，三个满分，世茂小学多才俊。

徐伊诺的《我怕失去你》，写家里的宠物狗老了，病了，文笔细腻，情感真挚美好，让人动容。

彭禹洲的《我怕时间》，少年老成，思想和情感同振，颇有"子在川上曰，逝者如斯夫"的味道。

同一个题目，东莱小学文学社的李美琪、吕希妍、袁楠慧等同学也写出了美文，可喜可贺。

最后送大家一段话：不要去写什么大的东西……如果每天能用清爽的心态去捕捉现在，捕捉眼前的东西，那么肯定会写出好的作品。

这是《歌德谈话录》里，先哲的谆谆教诲。

写小题材，让美好的思想情感和幽默机智的语言共舞，你也能写出高分甚至满分作文。

（2024 年 5 月 9 日、10 日写于张家港菜园）

32. 在梦里

阅读提示：文章构思巧妙，想象大胆丰富，画面感和现场感强烈，文笔生动，语言空灵活泼，有个性。

今天的题目是"在梦里"。世茂小学文学社高手如林，吴佳妮 100 分，陶毅恒 100 分。看完陶佳昊的文章，我更高兴了，兴致所至，我给打了个 120 分——打 100 分似乎会委屈了他！

我的打分夸张了吗？没有。这有他的美文为证。

梦，是一座想象力的城堡，时而缤纷多彩，时而诡异无常。我是城堡中的被困人，只能跌跌撞撞摸索出去的路。

【落笔不凡，城堡的比喻具体形象，又浅显生动。"被困人""摸索出去的路"，为全文做了铺垫。】

"有人吗？"我喊着。可冷冰冰的墙壁只传回了我自己的声音。

【进入梦境，寂寞、空旷、孤独无助。】

城堡的地牢由嘲笑与无视组成。他们有刺耳的数落，也有不屑的蔑视。

"你会在这里待很久，直到永恒……"房间里传来一阵尖叫声与嘶哑的吼声。

我看见了我自己。

【地牢，嘲笑，数落，蔑视，尖叫和吼声，一幅恐怖的画面，一种自然和世俗不存在的东西，构成了对我的威胁。什么东西？作品制造了巨大的想象空间——一开头就说了，梦是想象力的城堡。】

那是一面镜子，我走过去，里面却映出一个乞讨之人。"放弃吧，这就是你的未来！"镜中的人狂笑道。

我拼了命地往前跑，可是出现的幻想越来越多：惩罚，教育，牢笼与自由，纷纷浮现。这条走廊似乎有无限长，每一次闭环我都能看见那面镜子。

那真的是我吗？

【这是地牢——似乎也可以理解为地狱。还是那个超自然的存在，在拷问着我，也是在拷问着人类：我从哪里来？我将向哪里去？】

在痛苦中，我被永远囚禁于此。

城堡的楼梯由平凡与没落组成。他们有平凡的工作，也有迷茫的未来。

"你会永远平凡下去，直到死亡……"房间里传来一阵阵打字声和低沉的说话声。

我又看到了我自己。

【第三个场景，地堡的楼梯。楼梯，意味着攀爬和走出困境。如果说这里的主宰是神灵，那么，神灵在拷问我，也是在刺激和激励我，我的人生真的只有平凡和没落吗？我的未来真的只有一片迷茫吗？我又看见了我自己，哦，我要做我自己！我要做好我自己！】

那是一扇窗户，我没进去，里面就映出一个平凡之士。"灰心吧，这就是你的未来！"镜中人怒吼道。

我使尽往上爬，可是出现的画面越来越多：工作、忙碌与休息纷纷呈现。这阶楼梯似乎有无限高，每一次循环我都能看见那扇窗户。

那真的是我吗？

【窗户，平凡，灰心，怒吼，画面内容和上文大同小异。我呢？使劲向上爬，爬往无限高的楼梯。这是一个正在和命运争斗不屈的勇士，这是一个在黑暗中上下求索的英雄。】

在绝望中，我将永远囚禁于此。

城堡的大厅由回忆与欢乐组成。他们有不返的时光，也有美好的过去。

"你会永远开心下去，直到苏醒……"房间里传来一阵阵嬉笑声和孩子的吵闹声。

我再次看见了我自己。

【度尽劫波，展现光明。神灵在右，信仰在左，头顶光明，脚踩祥云，坚持和付出总有回报。】

那是一桶污水，我看向它，里面就映出了一个小孩。"别走啊，这里有你的回忆。"影中人笑嘻嘻地说。

我在附近徘徊数下，回忆的画面终于出现了：童年、玩伴、游戏与朋友纷纷出现。这个大厅似乎有无限大，向每个角落看都看不见大厅边缘。

我不想离开。

在快乐中，我将永远沉睡于此。

【童年，是人生永远不可再生的精神底色和精神原乡。一桶污水，意味着复杂的成年社会。长大了，变老了，回望童年，深深眷恋。童年就是游戏，就是玩伴，就是快乐。但愿沉醉于童年，永远不要醒来。不长大多好！】

其实，只要你打碎镜子，弄坏窗户，倒掉污水，就可以回归现实。可是，难道，这现实就不比梦境更加拘束，更加恐怖了吗？之所以留在地牢中，只是不愿去直视自己荒唐的一生。之所以留在楼梯间，只是不想去面对自己平凡的成果。之所以留在大厅中，只是不忍去忘掉自己美好的童年。

【梦里走了许多路，醒来还是在床上。人可以有梦想，可以有理想，甚至可以有点幻想，但人终归不能自己拔着头发离开脚下的这片土壤。走出梦魇，回归现实，感慨生活缺少自由甚至让人恐惧，哀怨自己平凡和碌碌无为的一生，依恋无拘无束的快乐童年。有点消极悲观，有点宿命无常，有点怨天尤人，但一切又是那么真实率性，那么值得尊重和思考。特别是在引发人们对生活、对人生、对命运、对信仰的思考上，具有较为深刻和浓厚的哲学意义。】

可是现实，不也是一场梦吗？

现在醒来。

【人生如梦，但人生不是游戏。面对现实，正视生活，活在当下，做好自己，这才是最为重要的。】

读完全文，不知你是否同意我对文本的解读分析？让我不明白的是，小小少年，思想怎么会如此深刻深邃？表达怎么会如此其味无穷？构思怎么会如此自出机杼？真是少年天才，文章星斗，可喜可贺，可爱可敬。

再简单总结一下本文的写作特色。

一是构思巧妙。文章借助梦境表达思想观点，在如梦如幻、似真似幻的环境里，让人物在故事中说话，阐述自己对生活、对人生、对社会和未来的认识与思考，读来让人怦然心动。

二是呈现场景。作者通过大胆丰富的想象，具体描绘了镜子、楼梯、大厅等情景片段，脉络清晰，画面感和现场感强烈，这就方便了人物的活动和言说。

三是文笔生动，语言空灵、机智、活泼。特别是成功的对话描写和心理描写，有故事，有个性，有波澜，更有独到的思考和深刻的思想，让人有如

　　　　　　教学生写出高分作文：特级教师的作文教学秘诀

临其境、如闻其声的感觉。

反复品读鉴赏陶佳昊这篇美文奇文，我不禁要对老师们说几句话：

在最优秀的学生面前，有追求的老师应该感到惭愧和脸红。陶佳昊就是这样的学生，我便是这样的老师。当然，没有追求，没有渴望，金子放在你眼前，也是黯淡无光的。和老师们，也和孩子们共勉。

（2024 年 5 月 17 日、22 日写于张家港莱园）

33. 海之梦

阅读提示：李美琪对语言文字有一种特别的敏感，她的语言、文采和义理融合，诗意和抒情兼备。特别是在动词的选用上，珠玑咳唾，妙趣横生。

梦，海梦，海上的梦，梦中的海。张家港市东莱小学李美琪同学的选材别具一格，很有新意。

作为记叙性文体写作，怎样才能拿高分甚至满分？除选材以外，要么故事很精彩，要么语言很精美，舍此别无他法。李美琪的特长是语言表达能力强。去年我给他们学校文学社上课，李美琪写作语言的美丽活泼和富有诗意，就给我留下了深刻的印象。

李美琪的这篇《海之梦》，在构思立意上比较成功，也有深邃的思想表达，但最大的艺术特色还是语言美。

在我写作本文前，我请李美琪用书面文字和我交流，谈谈写作感想和文本解读，所以，以下点评，凡是带 * 的均为她自己的创作介绍和分析，带【】的则是我的点评。

请欣赏作品原文和我们的评论解读。

海中渊，渊中梦。

*海中渊，渊中梦，意味着无论困在哪个牢笼中，无论怎样都是被束缚

着，无论怎么挣扎都无济于事。这也就是我小时候差点儿溺水身亡的一次经历，成了我永远的恐惧。水中很难睁眼，阳光很刺眼，很讨厌，它们就如玻璃碴一样，让我动弹不得。

眼前就是岸，可透过海的阳光看，堤岸就像一堆玻璃碴。

我动弹不得，麻痹的神经死透了，摸索着，怎么也使不上劲儿，怎么也无能为力。

【开头第一句话就点明题目，海和梦。同时写主人公的活动，告诉我们，这是一个想在噩梦中挣扎和奋进的人。堤岸如玻璃碴，渲染梦幻色彩。这个比喻大胆形象，既通俗易懂，又令人难忘。第一人称行文，有几分亲切、自如。】

水清则浅，水黑则渊。

你愿意救我吗？

望着四周，我平躺着，抬不起头。手指活动的每一下都如针扎。累了，甘愿等死。

*"你愿意救我吗？"这个问句，也就是我梦的开始。

【水黑则渊，说明环境十分恶劣。"你愿意救我吗？"是文眼。在漆黑如夜的深渊，自己又是伤痕累累，软弱无力至极，但祈求有一种力量能够帮助自己，拯救自己。】

深邃的眼神徘徊在四周，蓝色瞳孔，发光发亮。第六感告诉我，伴随着邪恶的气息，心头颤颤，拔尖拔尖地疼。又如洪水，疾驰而来。又好比巨大旋涡，死命搅和着我，任水浪冲刷，将人间的怨、愁、悲，一起迸发成浪涛，安抚心灵的巨兽，那个渊中的巨兽。它发怒，摧毁我所拥有的一切欢喜。

*深邃的眼神，我是写深海中的鲸鱼。怨、愁、悲，是人们常常有的心情，这些心情，加在这头大鲸上，人们都讨厌他，唯独我不嫌弃他，因为我付出的代价就是我的所有欢乐。

【因为被困，心里拔尖拔尖地疼。痛苦如洪水疾驰而来，内心被巨大旋涡死命搅和，怨、愁、悲这些抽象的情感如浪花，迸发成巨浪。一系列的比

喻句，生动形象，让人震撼。这样的语言能力出类拔萃。】

他丑陋，他无情，他就不该出现在世间。

人们讨厌他，他因此自卑，你愿意救他走出深渊吗？他需要！

【应该是深深地自我谴责和批判。他其实是"我"，"我"渴望走出深渊，渴望开启新的生活。叙述，感叹，设问，多种句型融合在一起，加上句子简短，语气急促，语言的艺术表现力超好。】

我愿，愿付出一切代价，只为当初的我，那个无知但纯洁的我。只要能离开如今的世俗，我愿再来一次，重新走完这一生。相比于今天的低谷，我更渴望昔日的光辉。失败次次徘徊，我像吞进成吨海水，压得喘不过一口气。

*这一段里，我就是想挽回以前属于我的日子，人生从零开始，再次回到以前。

【在非常时期，在艰难困苦之中，"我"没有停止思考。眷恋过往，厌恶世俗，渴望自己的人生能从头开始……然而，现实呢？失败总如身边的海水，压得"我"喘不过气来。青涩少年，做什么梦，有什么想象憧憬，都可以自由自在，再怎么样都不过分。能写出这样的文字，作者一定充满无限的生活渴望，真是可喜可贺。】

我拼命！想坐起来，唤醒自己，然而，从脚趾到手指，直到每一根头发丝，浪花无休止地拍着。大脑要炸了，如数颗鱼雷同时筑起几道水墙。

*躺在床上不能动了，这是真实的，我的头脑和我的身子被分成两部分。

【浪花拍打痛苦，时时不忘照应海梦之海。字字珠玑，含义隽永，让人反复诵读品味，目光不忍离去。】

梦醒了，爬起来了，头顶满是成粒儿的汗珠。一摸，手没有了知觉，连脚也动不了，不可能！虽然梦到海，不会游泳被呛了，但我是四肢健全的人，怎一夜未到，就残了？！

*虽然如此，一切努力尽是虚妄，因为自己实在不相信自己了。

【精神和身体一起坠入深渊，痛苦，悲哀，又不甘沉沦。记叙，议论，动作描写和心理描写，语言精美到家。】

实在不信邪，但又是事实，我使劲拍打床面，发泄心中的不满。唉，水?! 面前竟是一片汪洋，我坐在浪花拍打的地方，呼! 哟! 是只小小的鲨鱼崽!

我奇迹般站起，失而复得的劲儿重返，享受大海的冰凉与宽广的胸怀。

*浪花的拍打，表示我不断地尝试，也算是给一个知其不可为而为之的小人物打气，是自己给自己鼓劲。

【汪洋，鲨鱼，站起，享受大海……，这样的场景，这样的人物，让我们想到了《老人与海》，英雄，可以被打倒，但永远不会被征服。我们的主人公也是老人一般的英雄。】

不小心被石头绊倒，一屁股坐在岸上。一眨眼，不是岸，而是床，海边的晚风也只是打到 20 度的空调。

梦又醒。夜灯忽闪忽闪。深邃的蓝色眼瞳再现。

*这梦很窒息，和在海中溺水一样窒息。梦又醒，是真醒了。梦中梦，我算是这么体验过了。在这梦里，我不知道何时是个头，在这平凡的日子里，何时熬到头啊。挣扎了那么久，什么也没有，都是负面情绪，还好都过去了。

【从梦境回到现实，文笔大开大合，语言机智活泼，细节描写细腻、精致、感人。】

真想做一个主宰这一切的海上征服者。

*我是一个乐观向上的人，很多不好的情绪，我很少摆在脸上，也只能在黑夜消化，我更不想把这些情绪传染给身边其他的人。

【原文的结尾是另一句话，我感觉不怎么理想，于是，在我启发下，她修改成了现在的这个句子。很有气势，充满正能量，和全文内容也十分契合。】

读完全文，认真品味李美琪的创作感言，我们被她的才情和文笔感动。

我们为文章巧妙新颖的构思感动。海中渊，渊中梦，如此场景，如此故事，新奇，好玩，别出心裁。

我们为作品的立意和思想感动。爱生活，爱思考，有思想，征服一切艰难险阻，心永远向往明天。

我们为小作家的语言天赋感动。李美琪对语言文字有一种特别的敏感，她的语言、文采和义理融合，诗意和抒情兼备。特别是在动词的选用上，珠玑咳唾，妙趣横生。

比如"深邃的眼神徘徊在四周"一段，徘徊、发光发亮、伴随、颤颤、疾驰而来、搅和、冲刷、迸发、安抚、摧毁……准确、形象，形神兼备。真是应了一句名言，语言的一半是事物的代名词，一半是精神和情感的代名词。

李美琪的语言机智和表达能力告诉我们，丰富我们的精神世界，真诚地热爱和拥抱生活，才可能写出珠玉般的语言和感人的文章。

（2024 年 5 月 29 日写于张家港莱园）

34. 梦见光亮

阅读提示：本文的高明之处在于，场景描写如梦似幻，虚虚实实，有点扑朔迷离，但人物形象生动真切，主题表达依然明白透彻。

梦，是生活的另一个世界。梦，人生的另一个自我。美梦成真，好梦连连，或梦魇让你逃无可逃。

"梦"，题目允许变化，可以增加文字，让题意更加明确。想象空间很大。生活学习，校内校外，过去、现在、将来，社会故事，人间沧桑，世态炎凉，天上地下，古怪精灵，什么都可以写，但构思立意也很考验写作者的功力。张家港市东莱小学的刘建鑫，有才气，有底气，70分钟，笔翰如流，如梦如幻，不失风雅。

刘建鑫的满分作品和我的点评如下。

我有过一个梦。

我在梦里看见了我自己，坐在椅子上，戴着头套。

【落笔点题，讲故事，没有一句废话。戴着头套，头套指代什么？刘建鑫说，戴着头套，指被压力压得喘不过气来。】

头套带来的闷热使我喘不过气来，我奋力想把它扯下来，可是无济于事。有一颗弹簧装在我脑袋里，脑子乱作一团，头套给我带来深深的无力感与窒息感。

【头套象征什么呢？邪念，邪恶，困难，压力，挫折，渴望，追求，骄傲，消沉……什么都可以是，什么都可以不是。用某种意象物做线索，好！作者自己解读说，拿下头套，意味着生活压力全部卸下，要好好体验和思考生活。】

我用尽了浑身的力气，头套在脖子上留下了一圈红肿，便滚落在了地上。弹簧也跳走了。

【真的勇士，敢于直面惨淡的人生，勇于努力奋斗，争取自由，开始新的美好生活。】

我又从椅子上站起，仔细审视着困住我的牢笼。四周一片漆黑，像是密不透风的房间，我看得到边，却无论如何也触摸不到。

像是……

【似真似幻。身在牢笼，心却向往飞翔。】

一个人故意为我设下的终点，不可能到达的终点。

一道光束照了进来，我跑着，跳着，想抓住它，可它没一会儿就消失了。

我顿时感到失望，还有不知从何而来的愧疚。

【刘建鑫自己解读，生活中，太多的人给我们设定了终点：高考，考研，工作，退休。可就算到了终点，永远还会有下一个终点，没有奖励和兴奋，只有压力和焦虑。我说，小小少年，大可不必有如此忧伤，生活有阴晴圆缺，但更多的还是风和日丽。好在刘建鑫又解释，愧疚是因为觉得自己没有接住光束，令给予光束的人失望了。刘建鑫和他的小伙伴们，努力，奋斗，抗争，不屈命运的安排，但既然见到了光，就再也不要放弃。一道光束，意味着生活中的美好，象征着光明和希望，是一个内涵丰富、美好的意象。】

又一道光束照了进来，我顿了一下，又想跑过去。突然，千千万万道光束同时照了进来，我被困在中央，说不上是不是惊喜……

光束越来越多，我的眼前突然一片空白，与蝉鸣相似的耳鸣响起。我像是个犯人，被千千万万条锁链缚住。

【道路是曲折的，前途是光明的，突破牢笼束缚，走出命运困境，这个

过程中遇到了挫折。】

　　我闭上眼睛往外跑，终于又回到了一片黑暗中。我冷静下来，但腿没有停下来，我一直跑，即使很疲倦，不敢，也不能停下来。

　　【一个勇敢前行的勇士形象跃然纸上。】

　　有什么人掐住了我的脖子，我回头，是一面镜子。准确一点说，是镜子里的我。我甩开镜子，又接着跑。

　　还是同样的感觉，我转过去，镜中人的手从镜子里伸了出来，死死掐住我，他脸上露出的，是和我一样的神情。

　　【两个人物的斗争——我和自我或者说是本我。我，奋进；本我，堕落沉沦。】

　　我甩不开他。生气了吗？生什么气啊，掐着你脖子的人一直都是你。

　　【刘建鑫介绍，镜子中的"我"，掐住了现实中的"我"，他们其实就是同一个人，自己和自己作对，在精神内耗中使得压力更大，也是自己发现不了生活美好的原因。】

　　我恼怒起来，打碎了镜子。我从镜子中人的血泊里捡起了镜子碎片，映出了我狼狈的身影，以及背后一个闪闪发光的人。他冲着我微笑，或许明白了我发现了他，他便抓住我的手，带着我往前走。

　　【"我"勇敢地打碎了镜子，"停止不必要的内耗，乐观一点，就会发现生活其实很有趣。闪闪发光的人，也是生活中的美好"。（刘建鑫语）"我"勇敢地告别了本我，"我"把自己带向前方，去奔赴光亮。】

　　我又回到了光束交接的地方。他带着我穿过去，光照在身上，还是熟悉的那种温暖，耳鸣与束缚感不见了。我一直跑，跑到了一扇敞开的大门前，门里面看不清，被光笼罩得严严实实，我走了进去。

　　又是一道温暖的光洒在身上，但场景是我的卧室。

　　感谢苍天，感谢自己，感谢命运眷顾，终于，我走出了黑暗，获得了自由，获得了温暖的光亮。

　　那绝不是个梦。我手里仿佛还握着碎片，那个闪闪发光的人肯定存在，虽看不见他，但我感觉得到，哪里都有他。

我带着他，开始了与生活的对峙。

【作者说，找到了光束，找到了美好，回味生活的趣味和温暖，他才从梦里醒来。】

一种声音在耳边响起：不要忘记生活中的美好，在你因为苦难而连连抱怨之时，他就在一旁，注视着你。

【结尾点明文章主旨，审视着生活的梦，陪伴着成长的光。我们是否可以这样解读：在生活的道路上，想哭就哭，想笑就笑，但不能忘了赶路。】

本文写于 2024 年 5 月 22 日，小作者拿到题目后，快速构思，一气呵成。文章意境超脱，令人回味不尽。

作品的艺术特色之一是想象大胆奇特。借助梦境，作者设计了两个人物，一个是我，一个是本我。这样的想象构思，有新意，很自然，也特别吸引眼球。

艺术特色之二是梦幻色彩十分鲜明。这个题目好写，但如果简单地写一个梦里的故事，就会失之平庸。本文的高明之处在于，场景描写如梦似幻，虚虚实实，有点扑朔迷离，但人物形象生动真切，主题表达依然明白透彻。

艺术特色之三是脉络清晰，线索分明。全文围绕牢笼和走出牢笼，以"光"为线索，串联人物和故事。"一道光束照了进来""又一道光束照了进来""千千万万道光束同时照了进来"，这些语句的反复出现，使得文章脉络分明，浑然一体。

艺术特色之四是语言精练，文笔清新自然中见出细腻、老到和优美。细节描写、动作描写、语言描写、心理描写，相互融合，相得益彰，增强了文章整体的艺术效果。

（2024 年 5 月 28 日写于张家港菜园）

35. 我的快乐从收藏而来

阅读提示：大胆表现自己的愿望和追求，写出自己的喜怒哀乐，文章才能有个性，才能成为出彩佳作。作文中写出了童心美，能给读者带来亲切、温暖的美感，也是本文值得欣赏的一大特色。

看到这个题目，我的眼睛一亮，"收藏"，真好，有如此雅兴，难得。

今天的学校教育，将充满人性之美和生活趣味的语文，变成了机械枯燥的应试训练，变成了索然寡味的风干的芦苇，真是可怜。于是，在我的边读边写的大语文课堂，岳一涵的兴趣爱好和高雅情趣，便演绎成了一篇文质彬彬的美文。

请欣赏这位六年级女孩的作品和我的点评。

我的生活中，欢乐随处可见，而收集和创新便是其中最大的两股快乐清泉。

【开门见山，点明题旨。清泉的比喻形象生动。】

从小我就对收集有着很大的执念。小到各种硬币，大到每种树菌，都是我的收藏对象。可能你会有些疑问，收集这些东西有什么用呢？它们既不具备观赏性，也没有太大的实用性，最后不还是要浪费掉吗？当然是为了自己的虚荣心啊！每当看着拥有某种物品的所有不同款式的时候，我便会得到满满的成就感。同学或是羡慕或是妒忌的神情，也能极大地满足我的虚荣心。

当然，这只是其中的一部分原因，更大的快乐还源于我享受到的第二股清泉——创新。

【收藏硬币，多有意思，现在还在继续进行吗？树菌？怎么收集珍藏？好玩吗？谈收藏，简单带过，看来重点要写创新，也就是在收藏品上做文章，玩出花样，真好！】

我喜欢收集那些随处可见的东西，因为没有财力收集过于贵重的物品。记得有一段时间，我疯狂迷恋上了收集塑料瓶的盖子，但无论如何收集，还是会有新的盖子源源不断地涌现。那股兴奋劲没过几天就退去，那收集到的瓶盖怎么办呢？辛辛苦苦收集了这么久，总不能说扔就扔吧？既然这样，何不"创新"一下，把无用创新成为有用，不就万事大吉，更有趣味了吗？

【收集瓶盖，简单容易，挺有意思的。瓶盖也是经过工业设计的工艺品，收藏多了，各种造型，各种款式，各种大小，各种颜色，琳琅满目，也是美不胜收啊！】

心里这样想着，行动上却犯了难：瓶盖能做成什么有用的东西？也许只能做具有观赏性的模型了吧，其他的在网上或超市都能买到……

【心理描写，推动情节发展。思考和想象是发明创造的第一步，作者迈出了这第一步。】

经过深思熟虑，我还是选择了做小船模型。针、线、胶水、剪刀、纸板，连木棒和打火机都没能逃过我的"魔爪"。我趴在地板上，把胶水挤满了纸板，可这胶水留得住一时，留不住一世啊，没一会儿就顺着纸板边缘流向地板。被胶水席卷的地板顿时变得让人不敢触摸。我用瓶盖铲掉一些胶水，灌回瓶中。接着又花了近两个小时才做好这个模型。

【这段是详写，把使用的材料一一做了交代。趴在地板上挤胶水，而且闯了小祸，写得比较具体生动。】

但这模型仅仅是静态的，缺少灵动，何不再创新一次，让它动起来呢？

【再一次用心理描写过渡，让发明制作活动再深入一步，行文自然流畅。】

我将胶水倒在白纸上，呈一种波浪的形状，待它成型后再将它撕下来，

教学生写出高分作文：特级教师的作文教学秘诀

贴在模型的"海"上。错综复杂的"浪花"衬得这"海"波涛汹涌，瓶盖船处境显得更危险，哇，这不是更加生动有趣了吗！

【不容易，了不起，心灵手巧，值得点赞。】

虽然我很满意这个小船模型，但妈妈可不这么认为。为了制作这个模型，家里被我拱成了猪窝。妈妈勒令我，在收拾完家里后必须将它扔掉。虽是一百个不情愿，但妈妈的命令不能违抗，我只能心疼地扔掉了我的宝贝模型。

那天，我抱着枕头，哭了一个晚上。

【从故事叙述角度看，这里有了波折，有了矛盾。题目不是写欢乐吗，怎么写到了痛苦和悲伤呢？没事，文似看山不喜平，下文又马上回到快乐和喜悦上来了。】

虽说心疼，虽然流泪，但收集活动如一股欢乐的清泉，一直在我心里流淌。并且，由收藏引出了创新这股快乐清泉。两股清泉伴随我长大，也浇灌着我的整个童年。

【全文总结，用简洁的语言告诉我们，收藏可不是一般的游戏和短暂的快乐，而是如阳光雨露，浇灌了自己的整个童年，进一步强化了主题，给读者留下深刻印象。】

本文写于2024年5月26日我的"老高私塾"课堂上，熟悉的题材，熟悉的故事，写起来就特别顺畅，字里行间都寄托着小作者浓郁的情感。

什么是作文？作文就是生活，作文就是故事。写自己亲身经历的事情，而且是投入了感情的事情，内容和细节再熟悉不过了，所以写得自由放松，这是本文给我们带来的一个重要写作经验。

同时，大胆表现自己的愿望和追求，写出自己的喜怒哀乐，文章才能有个性，才能成为出彩佳作。作文中写出了童心美，能给读者带来亲切、温暖的美感，也是本文值得欣赏的一大特色。

（2024年5月30日深夜写于张家港莱园）

36. 我的快乐从读书、写书而来

阅读提示：写自己的生活，写日常生活中你最喜欢的内容，写普通人身上不普通的地方，你的文章就能出彩。

今天的作文题目是"我的快乐从_____而来"。这是一种半限制题型，要求在横线上填上自己的写作对象，写自己最快乐的事，要有故事，有具体生动的描写。

三所小学的文学社和初中班都写了这个题目，同题异构，选材和话题五彩缤纷。我的快乐从旅游中来，从打球中来，从读书中来，从唱歌中来，从思考中来，从美食中来，从孤独中来，从爬山中来，从游泳中来，从宅家而来，从劳动而来，从写作而来……有意思的是，近60个优秀孩子，竟然没有写快乐从学习而来的……

值得格外关注的是，尽管有两位同学写了我的快乐从写作或创作而来，但说快乐从写书中来的，郭圳轩是唯一的。是的，郭圳轩是小作家，他在写书，而且已经在网络平台发表，说他是同龄人中的文章星斗，也不夸张。这样的特长，这样的题目，这样的题材故事，碰撞在一起，郭圳轩文不加点，一篇情文并茂的美文就递到了我的手上。

让我们一起分享这个男生快乐的读写生活。

"书"这个词，似乎从小就与我有着不少渊源。

我家不是什么书香门第，但我在三岁的时候，就展现出了对书异乎寻常的兴趣与好奇。那时，每当闲来无事，父亲总会带着我读上几句《三字经》。懵懂无知的我自是不解其意，不过也许是因为好玩，抑或是对书本有与生俱来的好感，次数多了，我也能学着那些电视中的大人们，摇头晃脑地背上几句了。

【父母是孩子的第一任老师，而且是一辈子的老师。对于孩子的学习成长来说，优秀的父母，抵得上十个八个特级教师。我知道，郭圳轩的父母就是这样的人。孟母三迁，孔子母亲培养孔子成为一代圣贤，一直被中国人津津乐道。郭圳轩，你有这样的好爸爸好妈妈，真是幸福。】

后来长大了一些，明白了"书"这个字，这个词，绝非是一些汉字串联在一起，然后印到纸上那么简单。想读好书，更不是装模作样地说出几个连自己都不解其意的句子就行了。

书，涉猎极广，可以说是无数知识、事迹、观点组成的一片浩瀚海洋，也可以说是一锅极其复杂、矛盾的大杂烩。

不过，饶是如此，也丝毫没有削减我对书的热爱与着迷，反而使我更加沉浸在那片书海之中，探索着一个个未知的领域，喜欢一个个跌宕起伏的故事，探讨一个个对与错、好与坏的道理……

我目前的人生中，除了学习和玩乐，看书占了很大的比重。

【作文是什么？作文是阅读下的蛋。这个世界上，能写的人一定爱读，一定是大量地海量地读。当然，这个读写定律反过来就不一定成立——爱读和读书多的人不一定会写。在这个定律作用中，郭圳轩是一个初步成功的佼佼者。】

不同于别人，有时间也不一定看书，我是没时间也要挤时间读。

而且，我对于书是来者不拒。科普，历史，国学，名著甚至是漫画，我都能看得津津有味，乐在其中。

毫不夸张地说，几乎家里的每本书，我都看过不下二十遍。

【佩服吧！我上面说的话一点没错吧！我有一个估计，在同龄人中，郭如果你对我的行为感到不解，我会选择用孔子学琴的典故来告诉你：读一遍，那叫读过；五遍，那是读懂；十遍，是读会；二十遍，才能称之为融会贯通。

每次翻开书页，我都会不自觉地产生一种亲切感，仿佛能让我暂时放下一切愁绪，全身心地投入到书中。

【援引材料，谈读书心得，有意思，有价值，让人脑洞大开。】

但现在，我已经不仅仅满足于读书了。我的快乐源于书，但不止读书，还有写作，创作。

【笔锋一转，进入新的内容。行文亲切自然。】

"写"这个字，其实一开始我是很害怕的。每次老师布置作文，我都是能不写就不写，能敷衍就敷衍。

但随着对阅读的理解不断加深，我自己也慢慢有了想法，并开始练习将其表达出来。

久而久之，我便爱上了写作。

【热爱是可以培养的，爱上了写作，意味着什么？告诉你，意味着人的又一次诞生。真是天大的好事，庆贺，鼓掌！】

而我真正要说的，是我与小说的故事。随着读的书越来越多，我逐渐开始对小说产生了别样的兴趣。其间的一个个精彩的故事，无一不让我沉醉。

大概是少年的那一腔冲动和热血，终于让我萌生了也写一本小说的想法。

【小说，文字和文学殿堂里的王子，精神贵族郭圳轩有能力、有资本闯进这个文学殿堂。】

然而，每次写小说，我都是抱着"我一定要坚持下去"的信念，但迎接我的总是失败。整个小学期间，我零零碎碎写过的小说不下十本，但超过一万字的，一本也没有。

也许别人早就该放弃了吧，但我不一样，随着进入初二，阔别两年的写小说的愿望，又重新萌发！

这一次，我凭借着两年间的积累，少年的那一股冲劲，以及想在平台上发表的目标，我终于，坚持了下来！

很艰辛，很不容易。在这个学习压力尤为沉重的阶段，抽空写正儿八经的小说实属不易。但在我看来，这部凝聚着我心血的小说已然成了我的孩子。看到数据上升，我会为之欣喜；看到评分下降，我也会为之焦虑。

迄今为止，我已经更新了整整十九万字。这是一个我之前想都不敢想的数字。光凭这点，我便足以自豪！

读书写作，快乐也好，悲伤也好，矛盾也好，成就也好，她们都陪伴了我一路，为我铸造了人生的第一块丰碑。

【厉害了，郭圳轩！小小少年，才华横溢。写作，写小说，其意义就是让你找到了有意义的生活。我支持你，我也理解你为什么如此痴迷写作。因为你想写，手痒，心里痒痒的，不写就难过。有人问一位登山家为什么喜欢登山，他的回答是，因为那座山在那里。你呢，因为热爱文字，因为文学就在那里，相信你一直不会疲倦，不会泄气。心有多远，路就有多远。】

快乐源于书。书，是真真切切地为我带来了一个不一样的世界，一份只属于读者和作者的快乐。

本文写于 2024 年 5 月 26 日，我相信，郭圳轩会记住这个日子，因为这是他人生的一段回顾和总结，也是他生活的一个新起点。

我正在给他们读刘绍棠短篇小说《青枝绿叶》。刘绍棠是 20 世纪 50 年代的神童作家，十一二岁便开始发表作品，高一时出版《青枝绿叶》轰动文坛。高二时，语文老师坐在下面，刘绍棠拿着语文书，在讲台上给同学们讲他自己的小说课文，缔造文学和教育的双重佳话。我想，郭圳轩一定喜欢和崇拜刘绍棠。有理想，有渴望的人，需要一点偶像，以激励自己的人生。

回到题目上。我的快乐从何而来，写作时当然要紧扣"我"和"快乐"这两点构思行文。而写作的优劣成败，就取决于你的题材是否新颖，故事是否精彩。郭圳轩的这篇文章，最吸引人的地方就是写书。是的，写书，因为初中生写书的凤毛麟角，题材好，故事好看，内容精彩，文笔流畅生动，拿高分，得满分，也就在情理之中。

　　写自己的生活，写日常生活中你最喜欢的内容，写普通人身上不普通的地方，你的文章就能出彩。

（2024 年 5 月 30 日写于张家港菜园）

　　　　　　　　　教学生写出高分作文：特级教师的作文教学秘诀

37. 我的快乐从孤独而来

阅读提示：孤独不是孤单。孤单是孤苦伶仃；而孤独是慎独，是一种自律，是道德上的谨言慎行，是不屑于与庸俗为伍，或需要独立思考的一种生活追求。

命题作文"我的快乐从_____而来"，我的快乐从爷爷的农场而来，从老家的鱼笼而来，从相声而来，从清晨而来，从雨天而来……都饶有趣味。但张家港市实验学校陆寻的这个题目最有思想文化内涵。

一个初二男生，喜欢独处，享受孤独，难能可贵。初中学生，谈论如此带有哲学意义的话题，能写好吗？

不急，读完他的佳作，你会竖起大拇指的。

孤独常与我作伴。若是在无人问津的时候，读上一页书，或品一口茶，体会悠闲的境界，不亦乐乎！

【第一句话就点明题旨。有个性，有生活品位。中国人讲慎独，西方人讲孤独，都是对圣人或天才生活方式的欣赏和赞美。】

在我小时候，因为性格原因，不能与人有说有笑地高谈阔论，不能很好地融入集体。看着周围的同学常在一起牵手拉手、说说笑笑，而与我相伴的只有孤独。

【介绍自己，用同学的热闹衬托自己的独立独行，与众不同。什么是孤

独？孤独就是对喧嚣的排斥，对世俗的抗拒。这段承接上文，进一步写自己的孤独个性，加深读者印象。】

我曾经一直认为"孤独"是贬义词，但后来我慢慢习惯了孤独，并将它看成一种境界。在孤独的时候，人可以自我调节，心态趋于平和，同时可以使人的思维更敏捷，更清晰。这也是为什么许多科学工作者或为人类做出伟大贡献的人，一般都在孤独思考的环境中，才能小至完成工作，大至进行发明创造。如果每个人都永远处于菜市场那样嘈杂的环境，那将会是怎样的折磨？

【说得真好。先谈自己的感受和观点，提出孤独是一种境界。是的，孤独不是孤单。孤单是孤苦伶仃；而孤独是慎独，是一种自律，是道德上的谨言慎行，是不屑于与庸俗为伍，或需要独立思考的一种生活追求。作者接下来用事实证明自己的观点，说明孤独对于个人和社会的作用。这里，我引用一段西方哲学大师叔本华的话，帮助大家加深理解："天才不受意志的支配，只面向美的欣赏。一切美丽给予的欢悦，艺术所提供的安慰，使他完全忘却生活的烦恼。天才乐于孤独寂寞。一个人热衷于社交的程度，正相当于他在理智上贫乏庸俗的程度。"诚如作者所言，觥筹交错中，一般不会有圣贤和天才的身影，熙熙攘攘中，一般也很少有圣贤和天才的出现。】

我一生最想去的地方是新疆。新疆地广人稀，同时有着全中国最自然的生态，只有在新疆，你才能体会到孤独中蕴含着的真正的快乐，体会到与自然和谐共生的平静。一接近土地，心就变得平静，大名鼎鼎的人民艺术家老舍，写过《草原》，生动写出了我国西北一片的生机盎然。不去新疆不知中国有多大，不去新疆不知中国有多美。新疆以它壮丽的一切，创造出了诸多人才。《我的阿勒泰》的作者李娟，为国争光的王洛宾，这些杰出人物或多或少受到新疆的影响，铸就了他们亲近生活的气息，豪迈爽直的意志。由此可见，空旷和孤独也是上天赐给人类的礼物。

【说得真好。用新疆做材料，做证明，比较有说服力。是的，王洛宾，正是在新疆的监狱中，在最艰苦寂寞的岁月里，整理和创作了大量音乐作品。李娟的故事也十分典型。某种程度上，是空旷的新疆，是漫无边际的草原，是冬天御寒的地窝子，是多少年多少个最艰苦的日子，成就了李娟的写作。成名了，成了大作家，李娟依然过着平常的生活，每天喂鸡，喂羊，挤奶，很少出门，不爱社交，享受着生命最原始的快乐。孤独往往孕育天才。孤独有时会成为一种强大的力量。老虎总是独行的，只有羊才需要成群结队。】

孤独，同时也是自然的本性。孤独的本意并不在孤独，而是在于独属于自己的一份时间和空间，能让你冷静下来，同时留给你一个充分的思考的天地方圆。

【孤独往往属于思想者，属于天才。天才是思想的孤独，因为他的思想与众不同。】

固然，人是群居动物，和地球上大大小小、各色各类的生物种群一样，没有同伴，我们可能无法生活。但没有孤独，我们就无法思考，孤独是一种心灵脱落繁华芜杂后的净化，也是一个高尚灵魂的逐渐充盈与饱满。孤独的本意——安静，也是一个人乃至一个种族必须经历的、不可缺少的一部分。

孤独教会人们去创造，然后稳步实现梦想。孤独带来的不是一时的心血来潮和半途而废。冲动是可怕的，会促使人做出一些疯狂的举动，而安静则是这种致命情绪的天敌。人类正是因为有了孤独，有了安静，才拯救了无数的生命，挽回了人和人之间的友情或爱情。再没有一种类似的情感能做出这样拯救了生命又指明人类前进道路的善举了。

人们需要清静和清净，正如植物需要水分，地球需要太阳。在如今的时代，从纷繁杂乱的社会中已经难觅清静。或许此时，在静谧中的我，读一本书，喝一杯茶，与自然相融合，才是最好的享受。

【读书，喝茶，与自然融合，结尾呼应开头，文章结构整齐，整体性强。】

想不到，一个初中生竟然具有如此深刻的思想和这等精辟的议论，真让人刮目相看。

本文的缺点是故事性不够，写自己的生活片段或典型场景不够，但拥有思想，主题有意义，也是一般同龄人达不到的认识和写作高度。

议论时，作者的一番又一番话语，说得精辟透彻，同时用词精当，语言精练，值得充分肯定。

（2024 年 5 月 31 日写于张家港莱园）

第五辑

魔幻主义

魔幻主义也叫魔幻现实主义，是一种文艺创作方法，也是一种文艺风格和流派。它通过将魔幻元素融入现实背景，以独特的视角和手法反映社会及人性的复杂面貌。

　　我指导学生将想象幻想和神话魔法编织进日常生活，使平凡的事物显得不同寻常，使魔法虚幻变得亲切平凡。

　　故事虚幻神奇，人物具备超自然的魔法和力量，但读者领悟到的，却是人性的美好和温暖，这是魔幻主义写作的根本纲领。

38. 天空遥控器

　　阅读提示：为了帮助学生拓宽思路，我告诉大家，除我们特别熟悉的校园和学习以外，至少还有日常生活和社会发展这两个领域可以驰骋我们的无限想象。

　　今天的作文题目是"天空遥控器"。

　　这个题目实际上和"明天，天上下什么？"是一个类型的，同样写天上落下什么，写超自然的神奇现象和力量，差别是多了遥控器这个物件，可以把它作为文章线索。当然，也增加了点写作难度。

　　好写，学生构思上手很快，第一个原因是有范文借鉴。

　　作家林世仁的经典童话《怪博士与妙博士》中，怪博士发明的"天空遥控器"，能满足人们的各种心愿。

　　怪博士举起遥控器，对准蓝天，按了一下口香糖遥控器，天空立刻下起口香糖雨。这种口香糖不仅可以吹泡泡，还会唱歌，嚼得快唱得快，嚼得慢唱得慢，好玩死了！

　　同样，衣服遥控器，动物遥控器，食物遥控器，交通遥控器，玩具遥控器，家具遥控器，房子遥控器，机器人遥控器……镇长甚至选了一块很大的空地，想请怪博士用遥控器给造出一个小镇呢！

　　如此神奇的想象和故事，见所未见，闻所未闻，太好玩，太刺激了，孩子们一边读一边咯咯咯地笑个不停。读完就写，题目就是"天空遥控器"，不过，我规定，必须写我们最熟悉的校园生活——这是作品里没有写到的。

孩子们激情洋溢，在思维的火花迸溅盛开的同时，落笔成文，写得高兴，写得激动，写得过瘾，写得精彩纷呈。

优优和田田并列最高分。

优优笔下，发明天空遥控器的是怪怪怪博士。有了这个东西，天上可以掉下语文书、数学书，可以给你提供任何你想要的东西。不过，想得到这个宝物，必须答应怪怪怪的一个条件——当别人有困难时，你一定要帮助他们！

你看，优优多会写，构思立意，出手不凡，主题积极，故事精彩，让人看了眼睛发亮。

可乐小绅士的美文，在构思立意上的成功，可以和优优媲美。天空遥控器是从平行8号宇宙过来的，它还会说话，它对使用者的要求是，"你只能做好事，不能做坏事"。文章围绕这个主题，讲了车祸现场和抢银行两个故事，让遥控器大显神威。

田田的文章，又是另一种风格。"水浒遥控器"，一按按钮，天上就掉下来了林冲、鲁智深、宋江、高俅……都是真人，活人。鲁智深手里拿着禅杖，林冲帅气十足。然后展开对话描写：

"鲁智深，你的力气真的有那么大，能拔起杨柳树吗？"
"武松，你的武艺真的那么高强，能打死老虎吗？"
"哎？这是哪儿呀？哪来这么多孩子？"
"你们想跟我去吃正宗的武大郎烧饼吗？"

随后，水浒好汉和孩子们一起玩耍，让孩子们看了林冲的枪法，见识了鲁智深的拳脚功夫，还听了武松的传奇故事。

阅读使田田积累了丰富的知识，也帮助她打开了想象的思维阀门，神奇的穿越故事，好玩，有趣，如此妙笔，让同学们拍案惊奇。田田特别会用穿越法讲故事，在第二天的同题再写中，她的遥控器上有个"时间倒退"按钮，因为外出旅游，口袋里的钱掉了，于是，她请遥控器帮助，让时光倒退，返回家里，重新出门。

几位小作者的文笔才情，具备作家的天赋，假以时日，未来可期！

"天空遥控器"，好写，能写好，第二个原因是题目的想象空间很大，生活的，学校和学习的，社会和世界的，天上人间，你能想到的，都可以写。

为了帮助学生拓宽思路，我告诉大家，除我们特别熟悉的校园和学习以外，至少还有日常生活和社会发展这两个领域可以驰骋我们的无限想象。

吃的东西：美味佳肴，零食小吃，饮料，营养液，保健品，药物，等等。穿戴类：衣服，鞋子，帽子，围巾等。交通工具：自行车，电动车，摩托车，汽车，火车，轮船，飞机，高铁，磁悬浮列车，宇宙飞船。

还有千里眼，顺风耳，飞毛腿，万能的手，脑机对接以后的智慧大脑。

甚至，神奇的天空遥控器，还可以满足你异想天开般神奇的梦想——改变气候，改变年龄，改变容貌。想去国外旅行了，分分钟把你分解为分子，打包发射到你想去的地方，然后又分分钟让你还原为活生生的自己。

光是日常生活篇，就无所不有，无奇不有，无趣不有，应有尽有。社会发展篇，只要你开动脑筋，张开想象的翅膀，写作的天地同样无限广阔。

从孩子的知识积累、认知能力、生活和社会经验等角度出发，我把想象分成几种类型，比如科技类想象，是借助高科技手段，实现超自然现象和神奇力量。上面介绍的内容，基本上都属于这一类。还有拟人类想象，就是把动物、植物和其他事物，都想象联想为有生命、有情感、有思想、有智慧和创造力的人来写。下次再谈。

（2023 年 8 月 6 日写于张家港莱园）

39. 明天，天上下什么？

阅读提示：在经典作品的精读品读中，我反复提醒孩子们，对话是人物性格的声音，要写出好作文，离不开精彩的人物对话。写作时，孩子们心领神会，文思俊逸。

"老高私塾"张家港 2023 年暑假小学班，今天开课。读有趣的书，写好玩的文，我带着孩子们在文字的世界里愉快旅行。

读十分有趣的童话《怪博士与妙博士》节选，精读、品读、鉴赏性有效阅读，语气词、拟声词、提示语、标点、分段，有个性、有生活、有情趣的对话描写，一半是生活，一半是想象的精彩故事……孩子们聚精会神，乐在其中。写同样好玩的题目"明天，天上下什么？"，大胆奇特又美好温暖的想象，伴随着优美生动的语言一起飞翔。

连夜批阅打分，优优的美文拔得头筹。

解热神器？是的，解热神器，没

听说过吧，这是怪怪怪先生的绝妙发明。在花雨伞里滴一滴怪怪精油，一撑开，头顶上就会下起倾盆大雨。

明天，天上下什么？优优作品中怪怪怪发明的科学神器，能满足不同人们的需求。冰棒雨，甜甜圈纸，冰糖葫芦纸，大白兔奶糖纸，蜜糖雨，蛋糕雨，红包雨……没看错和听错吧？天上还能掉下红包，掉下人民币？是的，是怪怪怪，不，是我们善良的小才女优优，用想象在创造奇迹，创造童话，创造美好生活。

更加亮眼的是结尾：

日子一天天过去，怪怪精油只有最后一滴了，不如用它援助山区贫困的人们吧。小伙伴们把它做成了一次性粮食纸，寄向山区。大家望向远方，在他们那清澈的眼睛里，仿佛倒映着一朵彩云，这朵彩云正在下着粮食雨……

梦笔生花，情文并茂。能写出如此美丽动人的文章，她的心灵一定是同样的鲜艳美好。人性的光辉，使文章的境界得到升华。祝贺，我们的小才女优优！

哇！天上怎么在下汉堡、可乐、番茄汁……欢乐街上的孩子们都欣喜若狂地欢呼起来……哇，里面刚烤好的鸡胸肉，新鲜的黄瓜，粉红的番茄汁，外面还夹着两片烤得有点焦的面包，看上去好有食欲啊！

写出好作文的一个秘诀是运用奇特美好的想象。不过，笔名叫咚哩个咚的东东同学的佳作，让我们感悟到，想象必须以生活为基础。我想，生活中的东东一定喜欢这些点心和饮料，而且注意观察积累，否则，写作时不可能如此信手拈来，如数家珍。难吗？会写不难。但不会写的人，就写不出这么多名词术语，就不会写得如此生动、细致、传神。

写出好作文的另一个秘诀是多用对话描写，这种描写必须有个性，有生活，有情感，有温度。

在经典作品的精读品读中，我反复提醒孩子们，对话是人物性格的声音，要写出好作文，离不开精彩的人物对话。写作时，孩子们心领神会，文思俊逸。

妈妈先抢着说："我希望明天下一些化妆品，比如口红，粉扑……"

"我希望可以下许多好口味的茶叶……"这是爸爸的心愿。

爸爸刚说完，喜欢摄影的外婆就迫不及待地表示："明天，天上快给我下点花草树木的种子吧，等它们长大了，自家院子里更美了，我就可以拍出更好的照片了。"

还有，外公要的是美酒，弟弟要的是零食，都是通过对话表达出来的。用对话讲故事，现场感强，真实感强，文章的感染力就非同一般了。

好作文离不开美好奇特的想象，也离不开优美生动的语言。

甜甜小朋友在语言表达上表现出了她的写作才华。

"嘿，伙计，你想知道明天天上下什么吗？"一只通体白色的小白羊问一只通体黑色的小黑羊。

它们正在河边惬意地吃着草，晒着日光浴。

小黑羊一边吃着青草，一边回答："如果可以的话，我希望下雨，因为雨后会有很多蘑菇，味道十分不错。"

"我希望下干草，现在是春天，草太嫩了，干草比较脆，又很香，我爱吃。"

天塌了，地陷了，老母猪要拱出猪圈了。地陷了，天塌了，狗尾巴草要开鲜花了。天塌地陷了，今天天上掉蘑菇和干草了。

想象奇特美好，同时语言又自然流畅，富有趣味。

明天，天上下什么？什么都可以下，什么都可以不下，想象可以天马行空，自由飞翔。想象可以独一无二，富有个性，让人眼馋心跳。还要推荐小绅士可乐同学的独到创意：

在一个海滩边，海面上莫名其妙地刮起了超级龙卷风，不过只在海面上，陆地倒安然无恙……第二天下午，我正在海边玩新的无人机，突然，一群群鲨鱼从天空落下，把我的无人机砸坏了。原来，昨天的龙卷风把海里的鲨鱼都刮到了天上，刮到了外太空，因为重力的影响，直到今天它们才从天上纷纷落下。

在一般同学的笔下，天空落下的都是吃的，用的，甚至钱，而可乐别出心裁的构思，让人大开脑洞的故事，就特别能吸引人们的眼球。

（2023 年 8 月 2 日夜到 8 月 3 日上午写于张家港莱园）

40. 时光机

　　阅读提示：孩子都有好奇和想象的天赋，当生活的感悟和想象的载体碰撞在一起的时候，优秀满分作文的出现就水到渠成了。

　　1895 年，英国作家威尔斯出版中篇小说《时间机器》。

　　这部作品，讲述了一位时间旅行者发明了一种机器，能够在时间纬度上任意驰骋于过去和未来。

　　当旅行者乘着这台机器，来到公元 802701 年时，展现在他面前的是一幅奇异恐怖的景象……

　　这位时间旅行者在经历了一番历险之后，时间机器失而复得，他还遇见了爱情。他看到了几千万年之后的巨蟹、巨蝶、日食等奇观。

　　在生命垂危之际，他终于回到了"现在"，将旅行经历告诉了朋友。

　　不久，他又踏上第二次时间之旅，从此再也没有回来。

　　从小说出版发行开始，人类的语言中便有了"时光机"这个新名词、新概念，它通常指一种能够控制时间的装置，可以把人带回到过去或者未来的某个时刻，可以让人在时间中停留或者加速。

　　现实生活中，还没有这种神奇的时光机，但是在电影和动漫作品里，时光机常作为重要道具出现，从而进一步加深了人们对它的认知和想象。

人类的科学技术都是想象的产物，而写作，在某种程度上也离不开想象和联想。用"我的时光机"做作文题，便是为孩子们提供了一个无限广阔的想象天地。

孩子都有好奇和想象的天赋，当生活的感悟和想象的载体碰撞在一起的时候，优秀满分作文的出现就水到渠成了。

张家港市东莱小学袁楠慧同学的杰作《我的时光机》正是这样的代表性作品。

请欣赏作品全文和我的点评。

光阴似箭，日月如梭。我是个五年级学生，虽面临期末考试，但肯定比六年级学生要轻松。

可是……我妈这几天像发了疯似的，不停地搜索着有关中考的信息。

【开头写得很真实，但字里行间的感情色彩十分鲜明。从构思上看，这是在制造矛盾。】

好好的五年级下学期，应该没有什么烦恼，就一个期末考，至于吗？

学校里天天做作业，做试卷，家里还要听老妈的絮絮叨叨，距离中考还有四年，就在那里查呀查个不停，烦！

【进一步加深矛盾冲突，"我"和妈妈想不到一起，烦，真是烦人！】

前几天我们过了人生中倒数第二个"六一"。当天，班主任就送我们一句话：开开心心过"六一"，痛痛苦苦考期末。欢乐的气氛一下子就被打破了，打散了。

【场景转换到学校，妈妈如此，老师也是如此，唉，"我"，我们，被一张痛苦的网罩住了！怎么办？怎么突围？看我们的小作者如何转化矛盾，如何推动情节发展。】

多么想跳过这讨厌的期末考！

"跳过时间，我知道，时光机能帮你，还能帮助我们全班！"机智的婷婷悄悄对我说，还带着几分神秘。

时光机？不就是那种按一下就可以穿越时间的机器吗？

【用心理描写过渡，接着让破解痛苦、转化危机的神器——时光机登场了。末段又是心理描写，写得自然真切。】

我试着按了一下手中的时光机，不等我反应，就被眼前的一幕惊呆了！

小风扇，空调，西瓜，冰棍……回过神来看看我，我正躺在椅子上悠闲地看着电视。那平常暴躁如虎的老妈，却在我的房间里写练习册、试卷、字帖。

【想象很大胆很美好，故事很精彩很幽默。时空穿越了，人物关系颠倒了，让妈妈变成"我"，让妈妈也体验体验整天做作业做试卷的滋味，这样写，精彩，绝妙！】

这……这是暑假吗？我环顾着四周，自言自语道。哦，是时光机！嘿呦，这，就是我向往的生活。我不怀好意地笑了。

【抒情，庆幸，满足。语言风趣，有味道。】

"啥？你向往做试卷的生活？那帮我也做了吧！好好的六一儿童节，你想做试卷？"婷婷满脸疑惑地质问我。

"不……不，我刚刚穿越到暑假去了，准确点说是坐着时光机去的。"

"吹牛不打草稿！我只是说说，没想到你………"婷婷洋洋得意。

【对话有点情趣，增强了故事的可读性。注意，对话中的提示语用得很好。】

说时迟，那时快，数学老师真捧着一沓试卷来了，周围同学脸上的笑容再次消失。

我前后左右望了望。嗯，时光机，启动！

【真实和虚幻，如电影蒙太奇，切换很自然。第二次使用时间机器，又会发生什么故事呢？】

这次我来到了一只小熊娃娃的身边，爸爸妈妈拿着识字表教我认字。

等等！认字？场景不对！时光机重启！

（有趣，生动。回到童年，识字？不好玩！重启时光机，"我"要到更快乐的地方去！）

"宝贝，看看你的新玩具，开不开心？如果不好玩，改天带你再去买！"妈妈柔和地拍着我的背说。

我手中拿着一大袋饼干，一块一块地吃着。周围全被玩具和零食包围。这就是我最向往的生活。

"玩够了吧？快点认字！"温柔的妈妈又变了。

我意识到事情不妙，时光机，快！快重启！

【时光倒流，穿越到童年，穿越到无忧无虑的无限快乐之中。袁楠慧的文笔真是了得，时空和场景在她笔下自由驰骋，一切都是那么虚幻空灵和温暖，又是那么意想不到和惊心动魄。】

"袁楠慧！你干什么呢？什么重启，快交卷，就差你了！"

数学老师和我大眼瞪小眼。

我看了看试卷，很好，一字未动，却淌满了口水。我又看了看老师……

【家庭、学校、父母和我。过去、现在、老师和我。因为我对美好生活的憧憬，为了我的学习成长，还是回到了逃不过的现实。不仅时空跨度大，信息量大，故事有趣，更可贵的，是思想和情感追求的意义不凡。】

时光机，你什么时候能复制粘贴，多出更多不会出现故障的时光神器呀！

【结尾抒情，表达愿望，给人遐想。】

本文写于 2024 年 6 月 5 日，在张家港市东莱小学文学社的课堂当场写作交卷。这篇优秀杰作有一个鲜明的写作特点，就是想象大胆、新奇、美好。

全文围绕时光机展开情节，让不同的时间和空间交错出现，借助相关场景的描写表达自己的喜怒哀乐。

当故事插上了想象的翅膀，内容就显得特别活泼和生动，还有几分调侃和幽默。比如，因为时空穿越，妈妈居然在我的房间里写着作业和试卷，真是有趣搞笑。

想象中的时光机，在文章结构上也起到了串联材料的作用，使得文章结构严谨，层次分明，整体性强。

作品语言生动活泼，多种描写方式的交替使用融为一体，使文章可读性和感染力很强。

首先，语言描写高度个性化和生活化。比如妈妈的话、老师的话、同学的话，都很符合人物身份，写出了个性特征。妈妈望子成龙的焦虑，老师教学的严厉，虽然着墨不多，却给我们留下了比较深刻的印象。同学的机智俏皮更是写得活泼、生动。

其次，对话描写有推动情节发展的作用。你注意到没有，凡是情节发生变化、发展和深入时，作者往往用语言也就是对话描写，来帮助展开故事和过渡转承。

本文的心理描写比较浓墨重彩。借助心理描写，表现人物性格，并帮助情节自然过渡。

总体上来说，这篇美文，综合运用多种描写方式，讲述精彩故事，刻画人物性格，大胆表现自我的愿望和追求，很值得学习。

（2024 年 6 月 15 日写于张家港菜园）

41. 我有神奇的眼镜

阅读提示：眼镜能读懂人内心的想法，真是异想天开。荒诞吗？
不，不，我们宁愿相信这是真的，因为这样的想象太神奇和美好了。

苏州市平江实验学校五年级倪楚楚同学，落笔破题：

"卖神奇的眼镜啦！卖神奇的眼镜啦！"

幽静的小巷子里传出一个叔叔有力的叫卖声，我恰巧路过。

【一个语气词"啦"，一下子就有了现场气氛。提示语放在后面，很自然
地点明了故事发生的地点。】

神奇？神奇的眼镜是什么样的呢？有怎样神奇的魔力呢？我禁不住自己
的好奇心，来到了那个叔叔的摊位前。

【用心理描写过渡，让故事情节往下发展。】

"叔叔，你那神奇的眼镜是怎么一个神奇法？"我很好奇地问。

"这副眼镜保你洞察世事，假一赔十哟。"

那个叔叔虽然脸上有笑容，但眼睛里闪烁着狡诈的光。说罢，他把眼镜
使劲塞到我手上。转眼间，他就不见了。

【注意，洞察世事，这是关键词，为下文埋下伏笔。眼神狡诈，也是铺
垫，下文写这个人一下子不见了，就不会显得突兀。人，下面一定会写，也
应该会写这眼镜的神奇之处。】

突然，眼镜发射出一缕强光，像有一股磁力似的，从我手中挣脱出去，正好戴在我眼睛上。我用手触碰着眼镜，想把它摘下来，却无意间碰到了一个凸起的圆钮，眼镜居然拿不下来。突然，觉得眼睛有些发热，但过了一阵子，又没感觉了，我也没当回事，就向学校走去。

【继续写眼镜的奇特魔幻，但这段还是过渡，好戏还在后头。】

上学的路很偏僻，没遇到几个人。突然，一个阿姨向我走来。

天哪，我看到了什么！阿姨的脸上印着工工整整的印刷体字，我不自觉地读了起来："女儿又被老师骂了，股票又跌了，那个同事，明明有带化妆品还非要向我借。"

【妙，妙，妙！眼镜能读懂人内心的想法，真是异想天开。荒诞吗？不，不，我们宁愿相信这是真的，因为这样的想象太神奇和美好了。】

我的声音有点大了，阿姨刚好听见，她先是一愣，然后向我大声咆哮："你怎么知道我心里想的是什么？"说完，她就像看一个怪物似的看着我，然后飞快地跑走了。

【真实，自然，把假的事情写得像真的一样，现场感好，场景呈现活灵活现。】

望着她的背影，我又看见了一行字：这孩子脑子是不是有问题？

我顿时明白了，这副眼镜能看出人们心里想的是什么。哟，哟，哟哟，哈！我遇见宝物了！

【再写一句阿姨的话，强化故事真实性的一面。真真假假，虚虚实实，作者笔力不凡。写到这里，眼镜的神奇已经让人惊叹，文章就此打住也未尝不可，但更重要的内容还在下文。】

于是，我一路上读着人们心里想的东西，来到了学校。

呀，不好，迟到了！班主任正在讲台上讲着什么事情，他瞪了我一眼后又继续讲下去了。

他说："今天下午的体育课，学校要借我们班开公开课。""好！"同学们齐声喊道。

【换了场景，从上学路上来到了学校，来到了教室。心理描写，"瞪了我

一眼"等动作和细节描写，最后是语言描写，作者写得轻松、自然、流畅，让人如临其境。】

同学们的声音很响亮，可我看到的分明不是这样的。

有人想："老师都占了我们七节体育课了，什么时候才能还清啊？"

有人想："老师天天让我们上公开课，很无聊，真是无奈！"

这真的是刚刚齐声说"好"的同学吗？我不敢相信，可仔细看还真是这样的。

【神奇眼镜，能拆穿虚伪，袒露内心深处最真实的东西。对眼镜的这种读心术的功能，我们已经了解，但这里的题材来自生活，内容很有针对性和社会意义。文化课占用音体美的课，表演作秀模式的公开课，是十分普遍的教育乱象，学生也特别厌恶，于是，作者看似不经意，实则精心构思，讽刺批判尽在这三言两语之间。更可贵的是，这里是一种双重性质的讽刺谴责，因为同学们都表里不一，言不由衷，这样的虚伪人格，也被作者狠狠地讽刺了一番。】

唉，这个世界什么时候变得如此虚伪了？！

【站在"这个世界"高度看问题，如此反问和感叹，使文章立意有了深度和高度。】

突然，我的眼前浮现出一行字：诚为本，信为先。

我陷入了沉思……

【结尾进一步强化主题，从正面提出，诚信为本才是我们真正需要的。可惜在文章末尾，没有照应一下眼镜这个核心话题，小有遗憾。】

2019 年，我在苏州市平江实验学校做校外老师，每周给学校文学社的学生上两节写作课。这次作文的题目是半限制题型"我有神奇的_____"，要求选择写作对象，编写故事，写出一定的情趣和内涵。

我有神奇的双手，我有神奇的眼镜，我有神奇的双腿，我有神奇的双耳，我有神奇的嘴巴，我有神奇的大脑，我有神奇的尾巴，我有神奇的书包，我有神奇的笔，我有神奇的衣服，我有神奇的星空……写自己熟悉的生活，写有意义的故事，在我的鼓励下，小伙伴们都写得轻松潇洒又快乐欢畅。其中，倪楚楚的这篇《我有神奇的眼镜》是最好的代表性作品。

本文最大的艺术特色是想象奇特、美好，把日常生活中普通的眼镜和眼睛，想象成孙悟空一样的火眼金睛，让人心的狭隘和丑陋逃无可逃，这是一种非常可贵的创造能力。什么是创造，创造往往是想象的产物。科学技术和人类社会的发展，最大的原动力就是人类的想象力。正是在这个意义上，倪楚楚值得我们敬佩，也值得我们学习。

作品的另外一个可贵之处，就是对现实生活的谴责批判。同情阿姨的生活沧桑，也讽刺她的狭隘自私；学校教育的乱象，人心世道的虚伪，在不动声色中被有力地嘲讽了一番。这样的写作，想象的翅膀飞得很高，但内容扎根生活的土壤，很有现实意义和社会意义。

（2024 年 6 月 4 日写于张家港莱园）

42. 我有神奇的耳朵

　　阅读提示：本文最大的特点是想象奇特、美妙。人的耳朵能听懂植物的声音，人和自然融为一体了，这是一奇。人的耳朵能听到和解读人的心语，人类和人际关系变成了一个透明的世界，这是二奇。耳朵的这种超自然功能只有一天的保质期，这是三奇。神奇的耳朵，神奇的想象，在文章的构思立意上起到了关键的作用。

　　"我有神奇的耳朵"是人体神奇系列写作中的一个题目。

　　我的命题是，如果能够改变你身体的一个部位，你最想改变什么？改变后会有怎样的生活故事？这个命题很能检验孩子的想象能力，也很需要构思和创作故事的本领，张家港市世茂小学"九溪树文学社"成员、五年级的李晨溪以《我有神奇的耳朵》获得满分。

　　满分作文长什么样？写出好文章的秘诀是什么？下面请大家跟我一起欣赏作品，寻找答案。

　　我一早起床，就突然听见许多细小的声音此起彼伏地交织在一起。

　　【落笔便是悬念。细小的声音从何而来？在讲什么呢？】

　　"天啊，今早的太阳快晒死我了。"

　　"好希望可以快点喝上水呀！"

　　"对，明明喷壶就在不远处，我们几个却无能为力！"一个声音很生气地说道。

【语言描写很有个性。谁在说话？人还是物？你看明白重点是什么了吗？分段也是一种值得推荐的艺术技巧。】

喷壶？为什么它们想要喝喷壶里的水？我好奇地踮起脚，悄悄地向声音的来源处走去。

【这段是什么描写？心理描写。哪一个细节描写比较传神？】

"大家小心点，"一个很小但是很清晰的声音说道，"有人起来给我们浇水了，我们有救了。"

我大吃一惊，居然是我窗台上的一盆辣椒幼苗在说话！

【哦，悬念的谜团揭开，是窗台上的辣椒在说话。不符合生活真实，却是生动的艺术呈现。注意，对话中把提示语放在中间，后面用逗号。】

"是……是你们在说话吗？"我惊讶地看着它们。过了好久好久，它们才敢对我说："不错，正是我们。可以给我们浇点水吗？"

【这里的省略号有什么作用？提示语又在什么位置上？】

我慌张地拿着喷壶，在花盆上胡乱地喷了好几下，它们告诉我能听见它们说话的原因。

原来，我获得了一双神奇的耳朵，可以听见动植物的话，还可以听见别人内心的话。我还能选择听到谁的话，不会因为声音太杂而陷入混乱。不过也有美中不足的地方，这个能力的"保质期"只有一天，不过我也感到很满意了。

【用叙述介绍耳朵的神奇之处。在想象的世界里，人的耳朵能听懂植物的语言，能听到人的心语，神了！保质期一说，又为下文埋下伏笔。】

谢过了辣椒们后，我才想起上学的事，我连忙以最快的速度去了学校。还好，我没有迟到。

来到学校，我开始检测我耳朵的功能。说实话，拥有"顺风耳"可太棒了，比方说，我可以知道谁的作业忘带了还是忘写了，谁下一步想要干什么。我还能在琅琅读书声中找出窗外的鸟的嘀咕："唉，虫子到底在哪儿呀？"

可是其他同学都还以为小鸟在唱歌呢。一想到这儿，我就为我的超能力感到开心。

【笔锋一转，写自己熟悉的学校生活。可贵的是，把校内校外，窗内窗外结合在一起写，文笔自然亲切，语言生动流畅。小鸟的语言描写以及相关介绍，在风趣幽默中不失别开生面之妙。】

在体育课上，由男生带着女生跑步，不用特殊能力都知道，女生们肯定恨透了那群男生。

在跑步时，他们故意跑得飞快，像一匹匹脱缰的野马。当然，除了他们自己和我，谁都不知道男生们在想什么。

一位男生想：哼，我就要累死你们，谁让女生每次总是在前面跑，搞得我发挥不了水平，这次我一定要报仇！

另一位男生想：哈哈，你们女生的体力就只有那么点？哪有我们厉害！

而女生们却想：可恶的男生们，凭什么你们只顾自己，不顾我们？

【继续写校园生活，继续写耳朵的神奇，继续发挥语言的幽默俏皮。内容上似乎不够美丽高尚，但真实可信，饶有情趣，让人觉得有点无奈，有点痛恨，有点欲哭无泪。】

这还是那个和睦并快乐融融的班级吗？

【神来之笔，用心理描写，用反问句式，表达"我"的态度和质疑，为文章结尾和故事结局做了过渡和准备。】

一回到家，我就立刻要求解除这个功能，我已经不再想听见别人内心的声音了。

【有了上面一段的帮助，这样的结尾和结局水到渠成。有了开头关于保质期的伏笔，这里解除功能的情节就没有显得突兀生硬。为了生活的和谐美好，宁可放弃自己身体上这种神奇的超能力。想不到，有点可惜，有点遗憾，但吃惊之余，更多的还是让人拍手称好。】

本文的第一个特点是想象奇特、美妙。人的耳朵能听懂植物的声音，人和自然融为一体了，这是一奇。人的耳朵能听到和解读人的心语，人类和人际关系变成了一个透明的世界，这是二奇。耳朵的这种超自然功能只有一天的保质期，这是三奇。神奇的耳朵，神奇的想象，在文章的构思立意上起到了关键的作用。

想象没有天花板。满分作文离不开想象的神助。

我的耳朵不仅能听到千里之外的声音，还能够自动分辨谎言。在谎话听得心烦气躁之时，心里想着怎么能够关掉这个糟糕的耳朵功能，果然，乱耳之声瞬间全部消失，耳根顿时清静了许多。这家伙还能心控？我反复尝试，次次有效，惊得我嘴巴都能吞下个鸡蛋——这也太先进了吧！

这是"九溪树文学社"女生沈喧妍的大作，耳朵的神奇功能可以"心控"，这种想象创造实在是妙不可言，感谢小作者给我们带来了脑洞大开的奇妙分享。

回到李晨溪的作品上，本文的第二个特点是选材精当，而且生活气息浓郁。辣椒说话，窗户内外，男女生一起跑步，这三个场景构成了文章的故事框架，生活气息浓郁，而且用生动的描写把生活场景呈现在我们面前，真实性强，感染力强。

本文的第三个特点是描写细腻生动。对话描写、心理描写、细节描写，精彩之处，俯拾即是。

最后，本文主题积极，并且富有社会意义。神奇的耳朵，神奇的功能，不能给我的生活带来快乐，我宁可不要！在人类进入万物互联的高科技时代，这样的主题，很有社会生活的启迪意义。

（2023 年 10 月 19 日写于张家港菜园）

43. 我有神奇的指甲

阅读提示：这样的故事，这样的魔幻，是神秘的，又是现实的，是发生在现实生活中的魔幻故事，真有点魔幻现实主义小说的创作风格。

什么是魔幻？什么是魔幻现实主义创作手法？不用读马尔克斯，不用读莫言，张家港市世茂小学"九溪树文学社"陶佳昊的作品告诉了我们答案。

在人体神奇系列作文中，写千里眼、顺风耳、飞毛腿、神奇的手臂、神奇的大脑的比较多，写神奇指甲的应该仅此一例。选材新颖别致，构思别出心裁。

陶佳昊的满分作品，让人看得目醉神迷，满心喜悦。

少年才俊无双，美文共同欣赏。

"咔嚓！咔嚓！"剪出的指甲碎像一个个顽皮的孩子，全然不听指甲刀的指挥，放肆地弹到地面上。

【第一句话便是带象声词的动作描写，语言俏皮逗人，比拟亲切生动。出手不凡，写作能力了得。】

"真烦人！"我自言自语道，"它们就不会自己跑到垃圾桶里去吗？"

【注意对话中提示语的位置和标点使用。】

"丁零零！"电话响了，我烦躁地跑到客厅把它挂断了，回到卧室，我差点惊掉了下巴。

那些指甲碎都两两成对，排成长队，不紧不慢地向垃圾桶上"爬去"……

【妙，妙不可言。童话色彩强烈。】

第二天上午，我满怀激动地来到了学校，手里还攥着两个小竹节人。

语文课开始了，我们正上到第十课《竹节人》，老师让我们展示自己做的竹节人。轮到我时，我不慌不忙地上了台……

"定！停！"我把竹节人放在了讲台上，各竹管间并没有线，且我的手纹丝不动，却见俩竹节人就像真人一样，挺直了腰杆。

"斗！"一眨眼的工夫，俩竹节人便开始打斗了起来，空手接白刃！大威天龙！降龙十八掌！龟门气功！

【简直就是金庸武侠小说里的场景。不过，你是不是产生了一个疑问：怎么不写指甲碎了？亲爱的看官朋友，不急，继续往下读。】

台下响起了阵阵掌声，下课时，大家都对我万分敬仰，崇拜不已，可只有我的前桌——小彭对我半信半疑。

"你的竹节人怎么没线啊？"他一脸怀疑地望着我。

"这是个秘密。"我笑着说。

【悬念。竹节人和指甲碎有关联吗？不写指甲碎，是不是会离题？好，谜团马上为你解开。】

也就是当天夜里，他看到教室里移动的指甲。

自此以后，指甲的秘密，藏在了两个人的心中。

【读懂了吧？哦，原来两者是一回事！】

一转眼又到了暑假，那一天，我在和同学们踢球，不知怎的，除小彭外，最近我的同学和家人都爱咬手指，这令我感到很恶心。

【情节发展，而且生出新的情况，新的故事。都爱咬手指，怎么回事呢？这是什么写法？】

"嘿！你们听说了没有，我们这里好像最近有一个人贩子。"好事的小周收起足球，咬着手指头说。

这则新闻我也听说了，但我觉得在小区里应该不会有大碍。

【又是悬念。人贩子，怎么回事？和指甲碎有关系吗？"咬着手指头"怎么成了大家的习惯性动作？当然这也成了文章线索。】

当天夜里，我做了个奇异的梦。在梦里，那是一个灯光昏沉沉的房间，我似乎是被绑了起来，动弹不得。

这时，一个叼着烟头的蒙面大汉闯了进来。

"这里是哪儿？你又是谁？"我尖叫道。

【情节紧张，惊险，吓人。语言描写用短句，连用两个问号，写出了一种恐怖气氛。】

"我？你可再熟悉不过了。"那大汉冷笑着，掀起了衣袖。

突然，一阵窸窸窣窣的声音传了过来。大汉拿起了手电筒，我适应了好久才勉强忍受了那强光：一堆，一堆碎指甲？！

"这都是那些'朋友'咬下来的。"大汉又照照他自己，他，他竟是由一堆指甲所组成！"这或许就是这个超能力的副作用吧。"他又冷笑了一阵。

这时，我曾经剪过的、召唤过的指甲，冲了上去，在一阵爆炸声中，我在同学们的呼唤声中抬起了头，手里俨然是两个竹节人——我在课上睡着了。

【梦境写得虚幻而有趣。结构上大开大合，从朦胧可怕的故事里又回到了现实生活中的课堂上。】

下课后，我探过头去看了眼小彭，他正在全神贯注地咬着指甲……

【结尾很妙，妙在意味深长，让人回味无穷。】

本文最大的特色，也是最为精彩的地方，是魔幻手法的成功运用。

魔幻，神秘又变幻莫测。写的不是人，但总带有人的形象、人的行为和人的个性。

本文故事的精彩，可以用一句话概括——指甲碎变成了人。你看，先是指甲碎两两成对，排成长队，不紧不慢地向垃圾桶爬去。这是明显的人的行为。接着更神秘夸张的是，指甲碎变成了两个竹节人，会用各种拳法相互打斗。更加魔幻好玩的还在最后，周围的人都喜欢咬指甲了，而且一堆指甲碎生成了一个可怕的蒙面大侠，而"我"的同学小彭还在继续咬着他的指甲。

这样的故事，这样的魔幻，是神秘的，又是现实的，是发生在现实生活中的魔幻故事，真有点魔幻现实主义小说的创作风格。马尔克斯、莫言，正是这种写作艺术的一代宗师。

本文的另一个特色是悬念的运用，这在上面的点评中已有相关具体介绍。神秘精彩的故事，扣人心弦的情节发展，悬念手法功不可没。

作文和文学写作，一般说来有四种境界：一是文字境界，文从字顺，表达基本清楚，但构思和讲故事能力尚有欠缺；二是平稳境界，会编故事，但文章四平八稳，合乎规矩却缺少创造，不够精彩；三是创造境界，故事比较精彩，文笔有自己的个性风格，但人工斧凿痕迹明显，灵气还有不足；四是妙趣境界，成熟的写作素养和成熟的胸襟修养融成一体，作品浑然天成，妙趣横生，不但可以看到纯熟的写作功力，还可以表现出高超的人格境界。

对于中小学生来说，能达到第三种境界的凤毛麟角。第三、第四境界，是校园小作家创作作品的必由之路，我们的小才子陶佳昊庶几有成。

（2023 年 10 月 19 日写于张家港莱园）

44. 我在哪儿?

阅读提示: 文章构思别出心裁,用隐身写失踪,有新意,新鲜,好看,刺激,令人久久难忘。

如果让你以"失踪"为话题写故事,你怎么写?

中学生离家出走? 一对青年恋人私奔? 富豪被绑架? 老板逃债失联? 老年人迷路找不到家了?

哦……哦,还有《鲁滨逊漂流记》里的鲁滨逊,漂流在了荒岛;还有《爱心企鹅》里的小企鹅,为爱出门,寻找被大脚兽掳去的企鹅公主。

你还能想到什么? 你还能编怎样的故事?

今天的作文题目是"我突然失踪以后",根据自己所写内容,可以更换题目。于是,有了沈彦霖的《我在哪儿?》这篇杰作。

沈彦霖笔下的失踪,也许你闻所未闻。

"扑"的一声,众人群之中,我隐身了。

【落笔就是故事,开门见山。语言精练干净。】

"啊!"我的同桌一声尖叫,"沈彦霖没了!"

【同桌尖叫,神秘气氛更浓。语言描写有声有色,神情毕现。】

周围同学也往我位置上定睛一看:"真没了!"

老师也大吃一惊:"人呢?!"

【同学、老师、周围人群，相似的内容，表达各不一样。沈彦霖没了，真没了，人呢？有变化才有情趣。】

我看看他们像二愣子似的，差点笑出声，我蹑手蹑脚地走出了教室，继续看"戏"。

【神来之笔，写隐身人的活动，语言生动幽默。注重人物和人物之间的关联，这是一种写作技巧。】

"丁零零——丁零零——"，下课了。

整个8班的人，蜂出巢涌般出教室。"我们班的沈彦霖消失了！"他们一边狂奔，一边大肆宣扬我失踪了这个事。

【铃声响起，用拟声词更亲切形象，过渡到新的画面。涌出、狂奔、宣扬，动词使用精准有力。】

"你知道吗，咱班那个沈彦霖上课时突然消失了！"

"听说8班那个沈彦霖上数学课时突然窜地里去了，太恐怖了！"

"七年级8班好像有个人上着课突然成神仙了！"

【语言描写精彩绝伦。"消失了""窜地里去了""成神仙了"，表达多有个性，多有生活气息。爱凑热闹，爱无厘头猜想，爱神神叨叨，事情越说越离奇，越传越神奇。吃瓜群众的各种议论，进一步烘托了故事的神秘色彩。】

这事儿传得越来越离谱了，一传传到了我家里。

"听说你家沈彦霖上天了！"一老婆婆激动地大叫，"现在全镇的人都在说这事儿！"

"不可能吧。"我爸半信半疑。他随即掏出手机给老师打电话："我家沈彦霖怎么了？"

"消失了，课上'扑'地一下就没了，监控里面也这样，太邪乎了，我看了十遍，真消失了。"

"啊？"爸爸愣住了。

【场景又切换到家里了，老婆婆说上天了，老师说消失了，很符合人物各自的身份。】

没多久，CCTV都播报这件事，全国开始侦查，可什么也没有查出来，某些"砖家"也发声了。

"这是上天的安排。监控与侦查结果说明了一切!"

【故事进入高潮,事件引爆全国关注,连央视都进行了报道,砖家(专家)都参与研究,夸张,调侃,讽刺,让人啼笑皆非。】

几个月之后,全村的人开始拜我了……

他们都挤到我家,对着我的照片和一个十分像我的木头人,跪着,轮着磕头。

"祝我们村快快发达起来,快快富起来吧!"

"我真真的佛保佑我平安吧!"

"啊!保佑我!"

啊?啊……

【结尾,也是全文特别生动的地方。让隐身人成了愚昧群众心里的佛,这个情节精彩绝伦。】

本文写于2020年秋天,至今读来,仍让我赞叹不已。本文第一个艺术特色是构思别出心裁,用隐身写失踪,有新意,新鲜,好看,刺激,令人久久难忘。

第二个艺术特色是对现实的讽刺意义。作品立意深刻,通过故事,写出了人心的温暖和复杂。特别是"我"失踪以后,各色人等祭拜的丑态,讽刺了对生活没有信心的人,只能借助虚幻和超自然的力量来庇佑自己。作者对生活和社会的洞察力,让文章有了深度和积极意义。

第三个艺术特色是用对话讲故事,而且通过对话展示人物性格。语言生动美妙,写作能力出类拔萃!

(2024年6月3日、4日写于张家港菜园)

45. 我突然失踪以后

阅读提示：本文构思奇巧，故事荒诞又显得真实精彩，在看似虚幻的情节中，表现出某种生活的真实——渴望自由和放松。这是这篇美文最成功的地方。

"我突然失踪以后"，这个题目，对学生的构思和编故事能力是一个不小的挑战。

拘泥于生活真实，故事会流于平淡；过分荒诞，又会影响读者的感情共鸣，失去社会意义。"老高私塾"的申一朴同学，在真实与荒诞之间找到了平衡，写出了让人拍案叫好的满分作文。

请和我一起精读、品评他的作品。

"唉，终于轮到我们家了吗？"老妈打开房门，看着空空如也的床铺，摇了摇头离开了房间。

【什么？轮到我们家了？失踪还有轮流安排的？真让人啼笑皆非。故事能这样写，有新意，有创意，高手！一个"唉"字，一个摇头，告诉读者，家长知道是轮流失踪的，也并不是十分紧张、慌张，这就为全文打下了情绪和氛围基调。】

坐到餐桌上，老妈用手撑着脸，对老爸说："孩儿他爹，今天轮到咱家的失踪了。"

老爸悄悄放低了一点手中的报纸，也是露出惊讶的神情，但不一会儿神色就放松了下来，打趣地说："这样也好，咱们能好好享受二人世界了。"

"死鬼，还有工夫想这个？他这几天落下的功课怎么办？高中不抓紧，怎么考得上好大学？"

【果然如上面所说，因为是轮流失踪，到时间一定会回来的，所以父母并不是特别害怕，老爸还对老妈幽默了一下，让文章气氛更加缓和。看来，失踪是游戏，不是绑架等恶性事件，读者朋友不必往坏处去想。作者的创新思维和别出心裁的构思能力，让人佩服。对话描写有个性，有生活，有趣味，文笔流畅生动。】

"起立，班长点一下名，看看今天有几个人失踪。"班主任站在讲台前，命令道。

【镜头切换，故事现场来到了课堂。哦，班上每天都有人失踪，而且还不止一个人。这就和上文家庭中父母的态度照应和一致了起来。那么，孩子怎么会失踪的呢？后面还会发生怎样的故事呢？】

两个月前，就开始有未成年学生失踪，且不是个别案例，而是每次消失十四或十五个。这个现象起初引发了巨大的社会恐慌，但因为失踪的学生都会在两到三天内重新出现且毫发无损，家长们也便放了心。失踪学生也仿佛失忆一样，并不拥有失踪这几天的记忆。科学家都在奋力研究事情发生的原委，但至今没有进展。

【插叙，介绍事件由来，进一步证实，学生失踪不是被绑架或遭遇什么危险，两三天后又会毫发无损地完璧归赵。这样写，就有了生活意义。比如说，现在的中学生，学习多辛苦，应试教育多卷，难得失踪还能落得几天休闲清净，何乐不为！故事就是如此离奇，又是如此充满戏剧性地轻松好玩，这样的构思太有新意了。】

从那时起，每天统计失踪学生便成了晨会课的必要环节。

"今天失踪的是这几位同学，某同学还是课代表，那就有劳班长顶替一下了。"班主任收起班长上交的名单，迈步离开了教室。

【第一段承上启下，接着回到故事现场，一如既往的轻松宁静。】

老师离开后，同学们便开始熙熙攘攘地吵闹开了。

"唉！你知道吗，其实某某他是装失踪的，他昨天 QQ 上跟我讲的，现在不知道跑哪儿玩去了。"

【用同学的议论点明，失踪其实就是逃学的合法外衣和掩护，妙不可言。】

"那啥，昨天新闻上说，有几个人失踪超过三天了，不会出什么事吧？"

"你说这件事是不是外星人干的？"

有人质疑，有人调侃，有人担忧。

【超期未归，外星人干的，这些内容为文章增添了悬念和趣味。气氛依然平和宽松，语言一如既往地活泼生动中带一点幽默风趣。故事情节进入高潮了，结尾怎么写呢？】

三天后。

"唉！按道理应该回来了吧？"

老妈掀开被子看着空空如也的我的床铺。

"可能是例外吧，反正肯定会回来的。"老爸在旁边不紧不慢地安慰道。

【故事现场从教室返回家中。三天了，怎么还没回来呢？多了一份悬念，多了一丝牵挂，也多了一份波澜。】

此时，我依旧在一辆破旧的面包车里，酣睡着……

【真正的结尾和结局来了，啊，竟然如此！原文中，作者写的是"昏迷着"，我给改为"酣睡着"，大家看哪一种写法更好？我的想法是，用酣睡，可以照应前面的逃学放松，作品的立意和社会意义更好。你觉得呢？】

本文构思奇巧，故事荒诞又显得真实精彩，在看似虚幻的情节中，表现出某种生活的真实——渴望自由和放松。这是这篇美文最成功的地方。

作品的语言精美生动。用对话描写讲故事，表现人物性格，并且烘托环境气氛，把现实生活中不可能发生的事情，写得活灵活现，比真实的还真实，让人如临其境，如见其人，如闻其声，艺术效果之好令人赞叹。

（2024 年 6 月 1 日写于张家港菜园）

第六辑

家乡传奇

传奇，情节离奇的故事。古代文学作品中，有的小说和长篇戏曲就叫"传奇"。

传奇和神话类似，但更接近普通百姓生活，更有人间烟火气息。

美丽的家乡往往有美丽的传说，往往需要更加美好的故事。

走进本土文化名胜，融旅游、采风、读写于一体，为家乡创作故事，让家乡增添传奇色彩，增加文化厚重感，这样的写作活动，孩子们兴趣盎然，文思泉涌。

46. 暨阳湖里的两条鱼

阅读提示：好作文应该有好的故事，好的语言，好的思想情感。让中小学生一起写这个题目，共同为家乡创作美丽的传说故事，这"三好"让我惊喜连连。故事里，有孩子们的生活向往和价值判断。

上周的作文，有两个特点：一是为家乡创作传说故事；一是小学生和初中生同题，同题异构，看看各自的水准和风格，也饶有趣味。

暨阳湖是 20 多年前的人造湖，在张家港市区的南边，不大，但也是小城最热闹的旅游打卡地。沙洲湖是一干河上比较开阔的风景区域。一干河是长江进入江南的一条通道，所以也可以说是张家港人的母亲河——张家港市的前世就是沙洲县。

农联实小在沙洲湖东边不远，和吴校长反复讨论商量，文学社就取名"沙洲湖"，这次的题目是"沙洲湖里的两条鱼"。

世茂小学就坐落在暨阳湖风景区，这次的题目便是"暨阳湖里的两条鱼"。

而初中公益班作文和世茂小学同题。

两个题目，故事地点不同，但构思和写法可以完全一样。题目最大的限制性，就是把叙事场景设定在自己熟悉的亲切的家乡。还有一个规定是把两条鱼作为故事主人公。当然，根据情节需要，还可以写第三、第四条鱼，或者写到包括人类在内的其他动物和生物。

两条鱼？两条什么样的鱼？普希金《渔夫和金鱼的故事》里的金鱼？安徒生笔下的美人鱼？会飞的鱼，会说话的鱼，有想法有理想有追求的鱼，东海龙王派遣过来的神鱼，七仙女下凡化身的仙鱼，远古的鱼，能用手机和网络的现代鱼……

什么都可以写，但想要写好，离不开一个共同的秘诀——故事。

在张家港的东边，有一汪济水。这里有一条鱼精，叫济于，他能够在沙子里游动。

在张家港的西边，有一潭杨湖，也有一条鱼精叫卢玉，她能在空中飞翔。

两湾池水相隔十万八千里的荒漠，大漠中间有一个巨大的旋涡，济于过不去，卢玉也达不到。

卢玉嫌自己的杨湖太小，便组织大家向前开挖。挖呀挖，沙漠被挖出了一条狭长的通道，尽头是一个巨大无比的洞，一个具有极强吸引力的魔洞，把卢玉的十个将军和五十个小兵都一下子吸了进去。卢玉闻报，骑上海草，瞬间飞行驾临这里。

在空中，卢玉和济于撞了个满怀。

为了相同的愿望，他们狭路相逢勇者胜了。

他们都放弃对付那个巨洞旋涡了。他们，他们的人马打得昏天黑地。

这时，四周陷入一片空前的寂寞，但又在一瞬间传来奴隶们的厮打声，士兵兵器的当当声，将军冲撞的轰隆声，以及两位首领的交战怒吼声。

突然，水花溅起来，伴随着乌云的轰鸣，变成了雨水。

沙漠变成了湿地，旋涡成了湖水。

【这时，精彩的故事转折了，转折得光明磊落和皆大欢喜。】

雨打醒了济于，也打醒了卢玉。

"我们为什么要开战？我们为什么不能和好？"

两位首领肩并肩站在那里，望着眼前的一湖绿水。

"这是我们创造的湖。"济于感叹。

"多么美丽的湖啊！"卢玉应和着。

"我们用家乡的名字给这湖取个名字吧！"

"济杨湖？"

"不，换一个谐音吧。"

"暨阳湖！"济于和卢玉异口同声地说道。

【惊喜，惊奇，精彩，圆满。故事的结尾也有趣好玩，余音绕梁。】

现在虽然已经看不见济于和卢玉的身影了，但他们的后代：鲫鱼和鲈鱼还在湖里欢快地游着呢！

这是世茂小学六年级陶佳昊的杰作。神话，也是童话写法，故事紧张精彩，让我阅读时激动得眼睛都舍不得多眨。

介绍暨阳湖的前世今生，介绍暨阳湖名字的由来，构思巧妙，并且告诉大家，只有和平共处，才能换来和谐宁静。暨阳湖成了友谊、友爱、和平的象征，这样的解读，这样的主题，很积极，很美丽。

好听好看的故事，离不开制造矛盾，设置障碍。世茂小学五年级女生曹朵朵对此也有十分成功的演绎。

很久很久以前，盘古开天辟地，世界上还没有人类，只有动物和它们的统领——暨阳湖里两条会飞的美人鱼。

紫蓝色的大波浪长发，蓝宝石一样的深蓝色双眼，戴着银白色的珍珠钻石手链，都有一条光彩夺目的鱼尾，歌声还特别悦耳动听，两条美人鱼简直是倾国倾城，享受着百般恩宠。

可是好景不长……

【注意，情节变化，矛盾冲突来了。】

一场毁灭性的大火，森林里几乎所有的动物都死在这场火灾中。

于是，两条会飞的美人鱼商量决定，创造智力比动物发达，还能保护动物的一种高级生物——

她们找到最好的土壤做那种生物的身体。

她们用最闪亮的黑宝石做那种生物的眼睛。

她们还准备好了那种生物吃的一切食物。

她们还给那种生物起了一个名字，那就是"人"，全称"人类"。

就这样，一年又一年，两条会飞的鱼终于把所有的"人"做好了。可是，她们却倒下了。不是老死的，而是累死的。

她们的后代也灭绝了，这正是传说中的美人鱼。

多么伟大的创造，暨阳湖里的两条美人鱼成了亚当和夏娃，张家港成了人类的发源地。多么伤感的故事，多么美好的形象，令人歔欷，又令人觉得崇高，心生无限敬仰。张家港是新兴城市，缺少点历史故事和神话传说，让学生为家乡写作和创造，为家乡增加点文化的厚重感，多好的命题设想和语文实践，多好的情感体验和精神旅行。

亲爱的小作者，我替家乡感谢你的才华和贡献。

动物是人类的朋友，也是文学的宠儿。在中小学语文课本里，动物题材的课文比比皆是。我初步统计了一下，小学二年级到初三，包括昆虫、鸟类的动物题材作品有 50 篇之多。

然而，翻遍部编版九年义务教育的语文教材，写鱼，以鱼为主人公的文章少之又少，几乎就只有一篇：《海的女儿》。六年级下册有《金色的鱼钩》一文，其实只是把鱼作为具体物象来写人，算不上真正的写鱼作品。普希金的诗《渔夫和金鱼的故事》以前出现在教材里，现在也不见踪影了。

感谢安徒生塑造了不朽的美人鱼形象，影响了全世界一代又一代的孩子，所以我们的这次作文也是以写美人鱼的居多，而且都是正面人物，都进行了尽情的赞美讴歌。

再让我们一起欣赏农联实小六年级女孩朱羿萱的美文《沙洲湖里的美人鱼》。

蔚蓝的沙洲湖水底下，阳光照不到的暗处，生活着两条美人鱼。他们的皮肤白里透红，吹弹可破。两条大大的鱼尾摇曳着，闪闪发光。

"哥哥，你去过陆地吗？陆地上是什么样的呀？"妹妹总是不厌其烦地问。

"等你十八岁的时候，不就知道了吗？"哥哥也总是弹弹妹妹的脑门儿，从不正面回答。

"哼！"妹妹一万次叹气，又一万次抬头望望。其实她什么也看不到，一片黑黢黢的。可是她总是想，天是紫色的？不，不！是粉粉的！人呢？八条腿？十六条胳膊？三个头？

【文章开头写得很柔美，很幽默，逗人发笑。而且，不经意间，写出了人物的个性基调——好奇，有热情，有向往，还有悬念。十八岁？为什么要等到十八岁呢？】

果然，盼星星，盼月亮，十八岁生日一到，妹妹就迫不及待地穿上衣服，游上了岸。

她兴奋不已，她兴致勃勃，四处游历，四处观望，享受着高楼大厦、车水马龙、五彩缤纷的沙洲美景。而当她遇到困难和危险时，总有一个身影刹那间飞来救助。

美人鱼妹妹每天晚上都会换上衣服上岸，她尽情享受着人间的一切美好。可是有一天，在吃了一盆烤冷面后，身体像被毒蛇撕咬，小美人鱼倒下了，全身失重，千斤重的铁压在她身上。

再睁眼时，只见哥哥的鱼尾血淋淋的，一只眼睛坏了，背上都是弯弯曲曲恐怖的伤疤。

哥哥对妹妹说："再也别去陆地了，你看我一身伤！"

"哼！"小美人鱼虽心有不甘，可她最听哥哥的话了。不去了吗？不去！不去！一辈子待在湖里也不错。

【努力了，奋斗了，又不得已放弃了。在努力奋斗，追求美好的道路上，不仅需要个人的决心和行动，也需要他人的支持和帮助。你领会了吗？你读懂了吗？】

一个很遗憾的故事。一个有点残缺美的形象。好像不够完美，不够英雄，不够高大上，然而，这恰恰正是本文的可贵之处和独特风格。朱羿萱把对社会生活的理解，用自己的方式表达了出来，写得自由放松，是凭着感觉和感情在写，天真，自然，给人以强烈的真实感。这是一种难能可贵的童心美。

这就是故事的力量。陶佳昊、曹朵朵、朱羿萱，都是会编故事的高手。从某种程度上说，不会讲故事就不会写作文，文章的魅力，一大半来自故事。

初中生郭圳轩和郭骏霖笔下的故事同样令人叫绝。而且，作为中学生，他们的文章除了故事好看以外，还有思想和价值判断上的启迪意义。

"爸，我不理解，为什么我们一生一世都只能在水里生活呢？天空是那么辽阔，大地是那么宽广，为什么我们却注定无法离开这幽暗的囚笼呢？"他望着自己的父亲，眼神明亮。

【落笔就为全文内容和人物形象定下基调。这是一条有思想、爱生活、敢于反抗的鱼。

这条不愿意一辈子在海里碌碌无为的鱼，这条想着就是成了咸鱼也要翻身的鱼，出去闯荡世界了。临行，父亲谆谆教诲。】

"记住了，儿子，不管你在哪里，都要知道，你的家在这里，这里才是你的归宿……"

他来到了岸上，他踏上了陆地。外面的世界很美丽，美丽得让他全身激动和战栗。外面的世界很凶险，凶险到让他差一点死在人类的脚底，差一点死于猫的利爪。

正在他绝望到闭上眼睛等死的千钧一发之际，父亲突然出现了，父亲把他救了回去。

回到了大海，父亲语重心长地对他说：

"儿子，上天是公平的，也是不公的。我们有属于自己的优势，真的不要目光短浅，好高骛远啊！"

"爸，我明白了，匮乏的不是这个世界，而是我的心。"

结句画龙点睛，醍醐灌顶。郭同学的佳作，描写简练生动，立意和境界非同寻常，他用自己的语言说出自己想说的话，让我们感觉到成长的痛苦，也感觉到悲悯和善良的美。

郭骏霖写了一个悲壮的爱情故事。

暨阳湖里生活着两群鱼——吴鱼群和王鱼群。前世的恩怨也流传了下来，为了抢夺暨阳湖这个地盘，他们明争暗斗了多年，甚至到了仇人相见分外眼红、动不动就拔刀相向的地步。

奇怪的是，两个鱼群的首领，吴鱼群的雄鱼和王鱼群的雌鱼，却不可思议地相恋相爱了。他们山盟海誓，海枯石烂。

然而，有一天，吴鱼群的士兵突然冲杀进来，当着吴首领的面，将美女王首领一刀斩成两段，并且告诉他：

"少家主，王鱼群所有的人已被消灭，这暨阳湖是我们的了！另外……老鱼王病重，请你赶快回去继承王位！"

【情节陡然一转，实在意外，实在是血腥残酷，实在让人接受不了吗？不，不，我们的主人公吴首领居然坦然接受了。】

他的内心激烈地挣扎了一番，最终一狠心，离开了这片水草。他自言自语地说：一切都会好起来的。

是啊，没有什么东西可以阻挡他们的爱情，除了死亡和利益。

郭骏霖啊，你怎么如此残忍，竟然忍心让正在热恋中的而且是一片痴情的美女王首领，死在恋人部属的刀下！你小小年纪，怎么对世相人情就看得那么透彻呢？真是佩服你了！

这是故事的力量。这是思想的力量。

作文是什么？作文就是故事。好的故事，可以帮助我们更好地表达沟通，可以触动心灵和情感。

写作的一个秘诀就是：写好你的故事，让读者记住你讲的故事！

（2023 年 11 月 7 日、8 日写于张家港莱园）

47. 暨阳湖里的摇钱树

阅读提示：都说生活是写作的源泉，其实，文章不仅要写生活，还要写自我，写自己对生活的感受。

什么是作文？作文就是生活。

什么是作文？作文就是想象，作文就是故事。

某种程度上，文章的魅力一半来自故事。不会讲故事，就不会写作文。

陶佳昊很会讲故事，所以他的文章往往特别精彩。

这次的题目是"暨阳湖淘宝"，根据他写的内容，我把他的题目改为"暨阳湖里的摇钱树"。

陶佳昊写的精彩故事，为张家港的旅游名胜暨阳湖增添了一抹神秘色彩。要想真正成为家乡的文化地标，暨阳湖需要更多更浓的这种脍炙人口的色彩。

这么了不起？是的，我没有夸张，不信，请您认真品读小作家的美文。

"传说在很久以前，暨阳湖中央有一片小岛，岛上长着一棵摇钱树……"

这个故事奶奶讲过很多遍了，奶奶是土生土长的张家港人，但我从来不信，我也没看见暨阳湖有个什么岛。

【用悬念法开头，吸引读者。介绍奶奶，文笔自然亲切。】

我站在桥上无数次，一次也没有看见过什么岛什么树，也没有在什么元旦、圣诞这些特殊日子看见过。

"传说不靠谱啊！"我曾一万次嘟囔着。

【用第一人称叙述，把"我"写进去，显得十分真实。同时，竭力否定传说的存在，为下文做铺垫。】

但在游艇上，意外发生了。

我在水面上隐隐看见什么东西，一闪，一闪，然后消失了。难道那个小岛只是沉下去了？难道传说是真的？

【开始讲述摇钱树的故事。看见了诡异神秘现象，有点相信传说的存在了。上文先否定传说存在，这里再写自己的耳闻目睹，文似看山不喜平，这就叫波澜。】

这次，我带好了齐全的设备。看着火辣辣的太阳和热得冒泡的湖水，我又好奇又害怕。毕竟，在我听过的故事里，似乎所有人去追求一样"圣物"时，都要上刀山，下火海，最后还弄个竹篮打水——一场空。而且，现在还不是故事，我成了主角，我就在现场啊。

但那些想法很快就被我的好奇心吞没了。来吧，摇钱树！

【心理描写细致逼真，好奇，害怕，探究的欲望终于占了上风："我要潜入水中去寻找摇钱树，去一睹摇钱树的真面目了。"这就很自然地过渡到下文了。】

该说不说，水里的确是蛮凉爽的，毕竟是在这种烈日当空的鬼天气。

湖水的颜色没有海水那么神秘，但又格外柔和。

"啪嗒"一声，还在欣赏美景的我重重摔在了地上，来不及反应，只觉得屁股隐隐作痛。

差不多过了一分钟，屁股的痛感才慢慢消失，我也开始端详四周：房顶就是暨阳湖，湖水不符合万有引力地悬在空中，整个环境并不是什么桃花岛，蓬莱仙境，而是简约的白色；摇钱树也不是我印象中那老干虬枝、长满铜钱的大树，而是一个按钮，可能神仙也赶潮流吧。

【从水面来到水底，说是一屁股摔下去的，屁股还摔得很痛，似真似幻，虚实相生，写得轻松洒脱。摇钱树居然是一个按钮，有点石破天惊，让人脑洞大开。】

还有，房间很低，差不多一跳就跳到屋顶，也难怪，不然我早就摔得粉身碎骨了。

当时我愣了好久，处在找到摇钱树的惊讶中，还有对于印象和现实的难以置信，最后才突然发现自己真找到了摇钱树！

我毫不犹豫地按下了按钮。

【摇钱树找到了。环境描写，心理描写，动作描写，一气呵成，行云流水。故事完了？打开摇钱树的开关后呢？发现了什么？一定是大量金银财宝吧。可以这样写，但这样写就俗了，就没有新意了，就虎头蛇尾，甚至狗尾续貂了。小作者知道好故事要有个好结尾，有个让你想不到的很意外很惊喜的结尾。】

四周突然变化，我突然瞬移到了我爷爷开的杂货店。

【瞬移？时空穿越！让人拍案惊奇！但接着怎么写？】

"小陶啊，"爷爷推推眼镜，"爷爷去门口取个快递，你来看一下店。"说完他便骑车走了，留下我独自错愕。

【"推推眼镜"，细节生动。"独自错愕"，用词精准又干净利落。】

这，这？一切都像是梦一样。又是装了按钮的现代摇钱树，又是瞬移的。但好在，我还是想起了现在最重要的是看店。

在看了五分钟左右的店后，爷爷回来了，我也赚了五六块。他笑道："小陶，这钱，就给你了，这是你赚到的啊！"说完便把钱往我手里放。

杂货店消失了，又回到了那个房间。只有站着的一个捏着硬币的我。

【从虚幻到虚幻，电影蒙太奇一般地时空切换，小作家信手拈来，写得游刃有余，才华横溢。】

两分钟后，我游上了岸。我看着一脸担心的家人和那些疯狂于摇钱树的人，并未透露点什么。

看着手中的五六块硬币，我似乎明白了些什么：也许世界上并没有摇钱树。

只有努力劳动，才是一棵一生摇不完的摇钱树！

【结尾点题，表明主题。值得欣赏的是词无枝叶，辞微旨远，堪称语

妙绝伦。】

都说生活是写作的源泉，其实，文章不仅要写生活，还要写自我，写自己对生活的感受。陶佳昊的文章，从不相信湖中传说，到身临其境，到穿越回爷爷的小店，到又回到湖底的那个有摇钱树的房间，最后以感慨议论结束。无论是介绍传说还是描摹场景，无论是呈现湖底世界还是写心理活动，文章自始至终都是以"我"为中心，重点写"我"对生活的观察想象和感受感悟。这里的"我"，是作品中的一个人物，也可以理解为作者自己。陶佳昊的难能可贵之处，就在于文中有我。

生活对每一个人都一样，文章却应该是不一样的好。这次写作，同样一个题目，构思各有巧妙，沈喧妍、周恩泽、周楚沂、蒲泽楷、李晨溪等，都写出了不错的故事。

要在一样的生活中写出不一样的好文章，关键在于贴近和表现自我。大胆表达自己的愿望和追求，文章才能有个性，才能成为让人眼前一亮的优秀作品。

（2024 年 1 月 3 日、4 日写于张家港菜园）

48. 沙洲湖寻宝

　　阅读提示：文章运用虚幻手法，把故事写得一波三折，惊心动魄。虚虚实实，变幻莫测的文风，有点像日本女作家安房直子的风格。

　　"哎！你听说了吗？沙洲湖那儿有宝贝！"

　　"啊？湖底有宝贝？真的假的？"

　　"不知道啊！网上只说有人看见那儿有金光，都上热搜了呢！"

　　【用对话描写开头，一下子把读者的注意力拉进了故事现场。语气词，标点，口语，增强了语言的表现力。网络热搜，这句话妙极，告诉我们，这是一个当代社会的传奇故事。】

　　"金光……宝贝……走，看看去！"

　　"走，万一真有宝贝呢！那我们……岂不发财了？哈哈……"

　　一对年轻男女从我身边路过，谈话声钻进了我的耳朵。

　　【继续用对话描写推动情节发展。对话有个性，贪财心理、侥幸心理，人之常情，很接地气。标点用得好，把场景生动地呈现在我们眼前。】

　　什么宝贝?！什么金光？什么什么湖？

　　哦，对，最近经常在网上刷到，某某工人路过沙洲湖时看见湖底冒绿光，什么人听见水里传出龙的叫声，某某人在散步时看见水面上漂浮着一个小金块……

哼，什么宝贝？都是骗人的！水里怎么会有龙呢？瞎扯！

我抬抬眉，不以为然。

【制造波澜和悬念。不相信，不动心。但后来信了没有，下文告诉你，信了！金光，绿光，龙的叫声，水面漂浮金块，竭力渲染神秘气氛，为下文展开情节做铺垫。短句，语气词，标点，这些语言技巧值得注意。】

"叮"，手机响了一下。我低头一看，又是关于宝贝的……等等！某知名人士在湖边看见神仙！神仙？

【情节开始转折。铃声，点题。用知名人士增强可信度。神仙，让故事的神秘色彩更浓。】

我明知这可能是骗人的，却禁不住好奇想去看看。

怕什么，就看一眼，万一真有宝藏呢？反正我已经控制不了我的脚啦！嘻嘻！

【心理描写细腻真实。好奇心在侥幸心和贪念的加持下，主人公"我"开始行动了，寻宝了！】

我加快脚步，夕阳在西边，还早，还没落山。

朵朵彩云在周围飘过，跟着我，阳光把我的影子拉得细长细长，期待又迷茫。

【寻宝，发财，心情一定紧张、激动不已，怎么还有心情和空闲去观赏美景呢？告诉你，这叫宕开一笔，舒缓气氛，安抚一下激动的小心脏。】

桥上，我趴在栏杆上，望着那平静的水面。嘴里嘟囔着："什么啊，骗人！哪儿有宝藏啊！"想走却不想走，左右为难。

我等着，等着奇迹的发生。

【过渡，笔触跟生活一样真实细致。动作描写和心理描写融为一体，语言比较抓人。等着奇迹发生。奇迹会发生吗？留下悬念！】

夕阳快沉入天际，身边赏景的人也相继离开，归巢的鸟从我头顶上飞过，留下一串串的翠鸣。

正想离开，却有一股无形的力量自湖中而来，像一双冰冷的大手，把我从桥上抓起，掷向湖中。

我来不及尖叫，就沉入水中。

【虚幻，是一种写作的艺术手段，用在这里妥帖、得体。否则，故事怎能好看。】

一秒后，湖面归于平静。伪装得真好。

我惊慌，我恐惧，我后悔，我愤怒。

待心情平复下来之后，我才发现，我在水里，竟能呼吸，能看见所有东西！

无数条鱼在我身边游过，自如地觅食。

水藻在我身边似青草那样晃动，似舞星般线条柔美。

不远处，几条美人鱼互相嬉戏，追逐，并没有发现我这个外来者。

【写"我"的海底生活和见闻。把虚幻的场景写得像真的一样。在水里能呼吸，有视力，不可能，但我们还是愿意相信那都是真的。水藻的比喻句形象可爱，惹人喜欢。用拟人手法写美人鱼，而且和人物"我"关联了起来。寻宝，宝物呢？金块呢？不急，读下去。】

待她们散开后，我才发现她们原先待过的地方，有一个金闪闪的徽章，上面刻着几条美丽的人鱼，她们围成一圈，护宝似地圈住一颗鲜红的心，它还在跳动，好像仍有生命。

【哦，宝物和美人鱼有关。】

我端详着那颗心，它似乎在唱歌……

我将它贴近耳朵，听到了一首小歌：

> 快来摁响我吧，
> 我会帮你找到宝贝，
> 快来摁响我吧，
> 不然你就会后悔！

【歌谣，不，童话里的暗语和咒语，芝麻开门总是需要咒语的。注意，摁响，和铃声有关，又扣到题目上了。】

它又不能拿我怎么样！我想着，便按下了它。

刹那间，耳边一切声音都不见了，鱼儿在我身边消失，人鱼的笑声也渐渐消失。

只留下我眼前的这个徽章。

【虚幻手法，情节发展，即将进入高潮。徽章？什么玩意儿啊？】

它发着光，白昼般的光向四周扩散。

我几乎无意识地闭上了眼。

在下一次睁眼时，我只看见一座宽阔的水下宫殿，却没有那成群的水底动物了。

只有一条龙。一条淡蓝色的巨龙。它巨大的身体几乎占满整个房间。

它缩着身子，闭着眼，睡着了。它胸前抱着的，是一个金色的盒子。

发着金光的金色盒子。

【巨龙，金色盒子，扣人心弦，让我们紧张到有点窒息。】

我小心地走去，抓着盒子，想把它拿出来，但那巨龙睁开了眼睛，坐了起来，就这么低头看着我。

四目相对。

"你想拿去啊，拿吧，随便你。它里面除了几张破纸之外没别的。"

【让龙开口说话，可以的，应该的，幻境中，一切都是超自然的，一切都是有灵性的生命。那么，龙又会说什么话？金盒子里到底有什么怪物宝物呢？又是悬念。】

龙竟然说话了！"也不知你们这些愚笨的人类，怎么会……"它又补充了一句。

嗯……我吓得腿发抖，但还是拿着盒子看了一下。

【细节描写很真实，很有必要，要随时注意人物和人物的关联。】

结果，里面真就一张纸和一本书，书名叫《书改变人生》。纸上写着：

"书，人类的智慧结晶。书就是最大的宝贝。"

一时间，龙和我都沉默着，一时无话。

【宝贝，神秘的宝贝竟然是一本书，想不到，实在想不到。不过，也算合理，为什么不能是书呢？有什么理由不会是书呢？小作者真是煞费苦心，别具匠心，给了我们一个惊喜，一个大大的惊叹。双方都沉默无语，这个设计好。说什么呢？也许，说什么，怎么说，都是多余的。留下空白，也留下了想象空间，这是一种写作艺术。】

是啊，书，就是最大的宝贝。

我笑了。

我释然了。我满足了。

【结尾写得意味深长。】

本文是 2024 年 1 月 9 日，小作者杨淑惠在农联实小"沙洲湖文学社"当堂完成的作品。文章运用虚幻手法，把故事写得一波三折，惊心动魄。虚虚实实、变幻莫测的文风，有点像日本女作家安房直子的风格。

沙洲湖是长江的亲女儿，从长江经沙洲湖流入张家港市区，只有七八公里。因此，沙洲湖是以前的沙洲县、今天的张家港市的母亲河。杨淑惠读书的农联实小，在沙洲湖东畔，学校的文学社就叫"沙洲湖文学社"。天时地利加上文学社这个人和，为母亲河创作传说故事，理所当然，菁菁少年义不容辞。

杨淑惠好样的。本文最亮眼的艺术特色是故事性强，情节曲折离奇，又张弛有度。好看，好玩，这是好文章的一个基本条件。

本文另外一个艺术特色是用虚幻手法构思，写得轻松潇洒。文章开头一直用对话讲故事，直到主人公被一股神奇力量带入水中，便开始了虚幻和离奇。在水里，或者可以看作是在海底，场景变换也是扑朔迷离，带着浓厚的神话和童话色彩。

　　作品的语言颇有特色。一方面，语言清新通俗，生活气息浓郁，比如开头部分的许多对话，接地气，活泼生动；另一方面，作者的文笔又是典雅优美的，特别是一些环境描写和动作描写，语言精美秀丽，文采斐然。

　　美丽的城市，需要美丽的故事，杨淑惠为家乡创作传奇，是家乡的好女儿。美丽的文章需要精彩的故事，杨淑惠梦笔生花，写出如此美文，是同学的楷模。

（2024 年 5 月 31 日写于张家港莱园）

　　　　　　　　教学生写出高分作文：特级教师的作文教学秘诀

49. 凤凰飞过桃花园

阅读提示：走进本土文化名胜，在快乐旅行中激发孩子们热爱家乡的美好情感。走进融生活、阅读、写作于一体的语文大课堂，读写能力的提高便水到渠成。

凤凰，神鸟，也是张家港市一个乡镇的名字，这个镇为状元之乡。

凤凰镇有个万亩桃园，盛产凤凰水蜜桃，乃江南一绝。镇上的恬庄老街，有一座榜眼府远近闻名。

前天，张家港市东莱小学文学社进行采风读写活动，凤凰成了我们的教学大课堂。

春和景明，姹紫嫣红看遍。各种美丽的鲜花开在路边，也开在孩子的心里。他们的心情一定如春天的田野，五彩缤纷，充满无限的生机。

18个小小少年，给恬庄老街增添了叽叽喳喳的一阵阵热闹。18个文学后生，给永庆寺千年古刹带来了一片片人间烟火。

凤凰湖、鸷山寺和鸷山公园、温泉度假村、各种小巧别致的民宿和餐馆，以及时令已过的万亩桃园，凤凰镇的春天，如凤凰来仪一般美丽可爱。

旅游，采风，阅读，写作，组合在一起，这样的大语文课堂，很综合，很立体，很有趣。这样的行走学习，孩子们当然很喜欢，很期待。走进本土文化名胜，在快乐旅行中激发孩子们热爱家乡的美好情感。走进融生活、阅读、写作于一体的语文大课堂，读写能力的提高便水到渠成。这样的课程，这样的活动，这样的安排，家长们当然拍手称快。

难忘的特色语文之旅，难忘的家乡文化体验沉浸式教学，一天，三个单元，三个板块，互相衔接照应。

第一单元，在学校进行。阅读本人原创的游记随笔《凤凰来仪的江南小镇》。边读边讲，适当拓宽，纸面上的旅行，让孩子们对凤凰镇的几个名胜景观先有一个基本了解。

第二单元，实地游览采风，要求边走边看边做些简单的笔记。

从东莱镇驱车到凤凰恬庄古镇，走农鹿路转204国道，用时20多分钟即到。小学生，都是亲子结伴，家长全程负责安全问题和生活管理。

恬庄老街上，除了必看的榜眼府邸，还有梅花糕、拖炉饼、豆腐花等特色小吃，都是很诱人的。

从恬庄到永庆寺只3公里路程。从古刹出来，附近有许多农家餐厅。我去过的一家叫"凤凰居"，里边是一个有水面的院落，廊连檐接，小榭大厅，环境令人赏心悦目。本地家常菜肴，食材新鲜，味道也让人啧啧称道。出门旅行，看美景必须有美食分享，否则就不会圆满。孩子们更加乐意，隔灶头香啊，在外面吃饭，孩子们都特别兴奋。

重点介绍第三单元。下午，在规定时间，孩子们又都回到了学校课堂。

先阅读相关材料。一是介绍文学作品和语言生活中的凤凰。举例如下。

——凤凰。传说中的神鸟，百鸟之王。雄的叫凤，雌的叫凰，羽毛都非常美丽。

——凤求凰。这是汉代司马相如和卓文君的爱情故事。司马相如蜀郡成都人，一说巴郡安汉即今南充蓬安县人。司马相如，大文豪，才气过人，名动天下。一日，相如在蜀郡临邛，即今天成都邛崃县的朋友家，认识了年轻的寡妇卓文君，这位貌美如花的小姐姐是才女，爱好音乐，风流多情。司马相如爱慕卓文君，于是为她弹奏一曲《凤求凰》，用琴声吸引卓文君。歌词中有"凤兮凤兮归故乡，遨游四海求其凰"的句子。司马相如知卓文君心动，便用金钱买通她的侍者，在侍者帮助下，两人连夜私奔，一起回到成都司马相如家中。

凤凰题材的文艺作品，成全了一段千古佳话，从此，凤求凰便成了男子寻找心仪对象的代名词。

——学习相关成语。凤毛麟角，凤鸣朝阳，凤凰来仪，凤凰于飞，鸾凤和鸣，彩凤随鸦，丹凤朝阳，龙飞凤舞，龙凤呈祥，龙眉凤目，龙肝凤胆等。

我让每个学生带上《成语词典》——工具书，也是很好的学习资料。

——和凤凰有关的人名或名称。因为在中国人的语言生活中，凤凰是吉祥美好的象征，所以往往被用作名字和名称。

张家港市凤凰镇，湘西凤凰古城，香港凤凰卫视，南京凤凰台和江苏凤凰出版集团。成都的城市标志（logo）就是神鸟火凤凰，这应该和司马相如与卓文君的爱情故事有关吧？

金凤，银凤，彩凤，翠凤，鸣凤，王熙凤……

有趣的是，一般情况下，凤指男生，凰指女生，但龙凤胎这个名词里，凤一定指女孩。旧时的结婚证书叫龙凤帖，用法和龙凤胎一样。

凤凰落地不如鸡，鸡窝里飞出金凤凰等，是挂在群众嘴上的熟语，这些表达形象生动。

李白《登金陵凤凰台》诗作，也可以读读讲讲。

——和桃树、桃花有关的作品和词语。

白居易的《大林寺桃花》，李白的《赠汪伦》，和学生一起温故知新。还简单聊了聊皖南的桃花潭，以及李白和汪伦的故事。

《诗经》中"桃之夭夭，灼灼其华"，成语逃之夭夭，人面桃花，桃花薄命，桃羞杏让，桃李春风，熟语桃花源、桃花运等，都趁势让学生学习掌握。

如果是中学生，古典戏剧《桃花扇》和有关故事，是一定要给学生介绍的。

诗文和成语典故的学习，为作文做了铺垫和准备。接下来，我们课程的重头戏就是当场写作。

"凤凰和桃花姑娘""凤凰飞过永庆寺""我走在恬庄老街"，三题任选一题。一个半小时必须完成交卷。文体不限，提倡写童话，编故事，搞创作。

小才子，小才女，少年才俊，落笔生花。

桃花姑娘在万般无奈之下做了老财主的小妾，她一直想着要逃出这虎狼之窝。这天，财主家大开宴席，招待贵宾，打来不少野鸡和小鸡。出于同情，桃花姑娘把一只翅膀受伤流血的小鸟抱回了屋里。这是一只金身、赤嘴、铜眼、凤尾的小金鸟。夜里，突然有一道金光惊醒了桃花姑娘，原来是这只小金鸟想报恩，要把她救出去。小金鸟（凤凰）驼着桃花越飞越高，远处看，犹如一颗金色流星。财主发现了，一支支箭射来，桃花姑娘死在了凤凰背上。悲伤的凤凰围着桃花姑娘的故乡盘旋了九九八十一圈才离去。神奇的是，这片土地上一夜之间长出了一大棵桃树。同时，因为有凤凰曾经飞过，这里便被命名为凤凰镇。

为张家航同学喝彩！他写了一个感人至深的悲剧故事，写出了凤凰镇名字的由来，很有社会现实意义，值得点赞。

悲剧把美好的东西展示给读者，潘依铱同学也写了一个十分精彩的悲剧故事。

桃花镇上有一位桃花姑娘，一天，桃花姑娘在河边救起了身受重伤、名字叫凤凰的小哥哥。从此，男耕女织，一切都显得顺理成章，他们相爱了。桃花不知凤凰身世，一次，偶尔看见自家院子里有一抹红色在天空旋转，凑近一看，竟是一只凤凰。桃花也不再隐瞒，原来，她是天女下凡，专门在此等候百鸟之王凤凰的。凤凰因为违反天条，私自来到人间，遭受到天雷轰击。凤凰受着天雷，嘴角流出一行鲜血，对桃花笑笑，做了个口型，桃花看懂了，"地狱太冷，我不要你来殉我！"桃花擦了擦眼角的泪水，飞到空中，替凤凰承受了最后一道天雷。

桃花和凤凰未能连枝比翼，然舞鸾歌凤，却也感动天地。

此外，张浩然的构思也比较成功，他把凤凰涅槃重生的地点放在永庆寺，把大佛指点下凤凰涅槃、浴火重生的过程写得非常悲壮、惨烈。

刘诗懿、王筱雅、苑羽琪、张家瑶、邹逸群、李美琪、孙语辰等同学也都是八斗之才，读他们的文章，往往让我喜不自胜。

凤凰飞过桃花园。将来，东莱小学文学社里，也一定会飞出一只只美丽的金凤凰！

（2023 年 4 月 17 日写于张家港莱园）

50. 凤凰山上凤凰飞

阅读提示：这样的题目，这样的题材，怎样讲好故事，如何巧妙构思，凭什么让读者眼前一亮，关键的一点是作品要有鲜明的传奇色彩。

凤凰，神鸟，也是张家港市一个乡镇的名字——状元之乡凤凰镇。

凤凰镇有个万亩桃园，盛产凤凰水蜜桃，乃江南一绝。

凤凰镇的凤凰山，也叫河阳山。山上有座永庆寺，为南朝四百八十寺之一，苏州历史上第一个状元陆器，曾在这里复习迎考。老一辈凤凰人都知道，河阳山上的"状元读书台"很有名气，可惜今已不存。

凤凰镇上的恬庄老街，有一座榜眼府远近闻名。

我为孩子们介绍上述内容，让文学社的优秀学生写"凤凰山上凤凰飞"这个题目，为张家港创作传说故事，让家乡增添一点传奇色彩，增加一些文化厚重感，应该是一次很好的写作活动。

我还提供了其他一些资料。

这样的题目，这样的题材，怎样讲好故事，如何巧妙构思，凭什么让读者眼前一亮，关键的一点是作品要有鲜明的传奇色彩。

传奇，情节离奇的故事。古代文学作品中有的小说，有的长篇戏曲，就叫传奇。传奇，和神话类似，但更有人间烟火气息。

不错，我们的小作者深谙个中秘诀，几篇满分佳作充分体现了这种艺术特色。

先请欣赏张家港市农联实小"沙洲湖文学社"邬晓语的杰作。

在凤凰镇的万亩桃园中，世世代代都居住着一位桃花姑娘。据说她是仙女下凡，隐居桃园，每天都为桃树施法，让桃子长得又大又甜又好看。因此，凤凰水蜜桃成了天下独一无二的美味，可谓人间仙桃。

【桃花姑娘，仙女下凡，离奇又让人心生好感。】

可是有一天，桃花姑娘做了个梦，梦见自己去了河阳山玩，还变成了凤凰在天上飞。于是她再也按捺不住自己的心，决定去凤凰山上看看。

【故事开端，把时间、地点、人物、情节等要素串联在一起了。梦见自己变凤凰，一定是一个传奇故事。】

桃花姑娘对河阳山上的"状元读书台"很感兴趣，她总觉得，以前在这里苦读的陆器怎么似曾相识呢！

【另一个重要人物即将登场。似曾相识？埋下伏笔。】

于是，桃花姑娘施展仙法，招回陆器灵魂，为陆器续命，让陆器在河阳山复活。

【邬晓语的想象超级大胆可爱，仙法，续命复活，够离奇，够荒诞，又足够吸引读者的阅读兴趣。】

桃花姑娘和陆器，变成了透明人，隐身，携手畅游凤凰镇恬庄老街。桃花姑娘投其所好，帮助陆器重修读书台。

【天上人间，前世今生，作者的想象构思能力非同一般。】

【接着，在两人的对话描写中，揭开桃花姑娘下凡的身世之谜。注意，

一定和陆器有关。】

"桃花姑娘，你为何下凡呢？难道天上不好吗？"

"别提了，天上虽好，却不能实现我自由、理想的生活。我之前下凡，偶遇过一位书生，我们一见钟情，但天庭的长辈们都不同意，我只好化为凡人，在桃园静静地等他。可后来我才知道，因为这事，书生日夜忧郁，没多久便离世了。"

"哦，那你为何还等着他？"

"因为……哦，据说凡人会投胎转世，我一直在等他转世。"

说完，桃花姑娘总觉得眼前的人是一位熟悉的陌生人。半夜，桃花姑娘越想越觉得不对劲，怎么，会那么像吗，不可能啊?!

【前世有缘，今生相逢。多么美妙，多么美好，多么离奇！】

【情节到了高潮阶段，接下来如何发展，如何结尾，是喜是悲，有没有新意，敬请期待。】

眼前的人不正是自己深爱的书生吗？桃花姑娘刚想开口，就听那人说道："我没有投胎转世，我选择变回陆器，预判你会为我续命。只是，现在时间到了，我得走了，你要好好活下去！"

说完，陆器便化作一团烟雾消失了。

自从有了这次见面，桃花姑娘再也不信书生真的会离开自己，便苦苦寻找。终于，几百年后，她在河阳山找到了已经化作凤凰的陆器。

毫不犹豫，桃花姑娘也化作了凤凰。从此，桃花和陆器便一直双飞双宿在河阳山，守护着这里。

从此，河阳山便改名叫凤凰山。

有点伤感，有点悲壮，有点古代传奇文学的味道和风格，但故事和人物都美到极致。

"沙洲湖文学社"的杨淑惠、顾旻怡、黄雨辰、孙靓夏等同学，这次作文也都比较出彩，限于篇幅，恕不一一介绍。

同样的题目，同样的美文，出自一个四年级孩子的笔下，就特别令人

教学生写出高分作文：特级教师的作文教学秘诀

惊喜和感动了。世茂小学四年级男生陶毅恒，就是这样一位笔底生花的小作家。

让我们一起品读他的大作《凤凰山上凤凰飞》。

陆器在河阳山发奋苦读。一个雨天的中午，陆器到旁边的万亩桃园摘了一只桃子充饥，随后又带了几个回家。

【故事开头，把人物、地点都做了简单交代。而且从河阳山引出桃园，为下面情节展开做了铺垫。】

可回去时，陆器手滑了一下，把桃子掉到了地上，然后，一个老爷爷从地下冒出来，说："是谁在敲我的头？"原来他是土地公公。

陆器不好意思地回答道："我……我不是故意的。"

【第二个重要人物土地公公的出场，写得自然真切。土地公公从地下冒出来，当然是离奇和神奇的，但写得像真的一样。借助对话描写，生活场景得到很好的呈现。】

"好吧，就原谅你。不过，我想看看你在这儿干什么，我能跟你去吗？"

"当然可以。"

【情节发展，故事推进，下面会发生点什么？另一个主人公凤凰何时出现？三个人物又会发生怎样的关联？】

在回去的路上，土地公公长声叹气道："唉，这天气像魔鬼似的，天天下雨，让我脑瓜子疼啊，让万亩桃园也长不出好的桃子！"

土地公公话音刚落，天空中突然出现一个黄红相间的东西，在天上飞啊飞啊，渐渐地，渐渐地，天上的雨停了，太阳出来了，整个大地都被照亮了。

"看！是凤凰！一只小凤凰！"陆器激动地说，"要不，明天我们去看看凤凰洞吧？"

【小凤凰出现的场面如此神奇壮美，又如此令人欢欣鼓舞。结句把故事又引向变化和深入。】

陆器领着土地公公来到河阳山永庆寺，想不到，土地爷爷一个喷嚏——

震得大地颤动起来，云团合在了一起，凤凰山被弄得混沌一片。然而这时，那只小凤凰又出现了。小凤凰用那对大翅膀一扇，云团一下子消散了。

【紧扣题目，重点写凤凰。神奇的小凤凰，神奇的超自然力量，多么可爱美好的人物形象。】

可危机还没有解除，刚才土地公公的一个喷嚏，把河阳山的岩石震了下来，把桃子全部震到了水沟里。小凤凰又使出全身力气，把河阳山修复完好，把河阳山的每一个地方都变出了桃树。

可是，小凤凰自己却累得倒下了，倒在了凤凰洞的洞口外。

【故事还在延续。新的矛盾冲突又出现在我们面前。】

陆器和土地公公急忙跑过去，发现旁边就是凤凰洞，于是走了进去。

里面是大大小小的凤凰倒在地上。土地公公二话不说，立刻用土之力造出土膏药，治好了所有凤凰。

可是，刚刚复活的凤凰都失去了理智，一下子飞到天上，很快又像陨石一样朝地面打去。

【眼看河阳山就要遭殃，老百姓就要蒙难，万亩桃园就要毁于一旦。情况万分紧急之时，我们的主人公不顾劳累和浑身伤痛，腾空而起。】

最后那只小凤凰用尽全身力气，给河阳山和周围地区都加上了一道护盾。

河阳山保住了。百姓安全了。桃园安然无恙。小凤凰却再也没能涅槃重生。

后来，人们为了纪念这只小凤凰，把河阳山改名为凤凰山。

陆器当时非常伤心。直到现在，他还记得那只小凤凰。

【陆器和土地公公都是辅助人物，重点刻画的是小凤凰。一只勇敢的、伟大的、保护神一般的小凤凰。】

和邬晓语的作品一样，本文也是借助传奇写法，神话色彩更浓，矛盾冲突更为紧张激烈。不过，人间烟火和生活气息稍有欠缺。

这次写作，世茂小学"九溪树文学社"佳作迭出。陶佳昊也是满分，李晨溪、蒲泽楷等都是 99 分或 98 分。

传奇，有一种写作秘诀叫传奇。

传奇，优秀习作往往是具有悲剧色彩的传奇故事。

我们为什么爱写悲剧？我们为什么会被悲剧深深打动？

因为悲剧有一种崇高的美。

因为我们的内心都渴望这样的美和崇高。

（2023 年 11 月 22 日写于张家港菜园）

后记　写作是生命的历程

（高万祥）

喜欢文字，喜欢文学，喜欢教书。看见孩子眼睛就发亮，走进课堂，脚步和心情一样轻松愉悦。于是，每堂课都成了我的节日。我喜欢和孩子们合影。被一群比我小五六十岁的孩子围着，自己觉得，就好比一枝老树干上长满了绿叶，开满了鲜花。

"我的亲舅舅是你的学生，我是你的学生，现在你又教我女儿，你是我们家三代人的老师，建议政府给你颁发教育特别奖！"

嘿，这个学生家长的话，还真让我自我感觉良好。

感谢唐校长，让我在张家港市世茂小学有了专属课堂——"九溪树文学社"。一周一次相约，无论晴天阴天，还是下雨天，15 个文学少年，成了我心里的 15 个小太阳。

感谢吴校长，在张家港市农联实小"沙洲湖文学社"建立了我的语文课堂。和世茂小学一样，这里也有我的 15 个文学小伙伴。期待每周两小时的相聚，心里总觉得甜甜的。大概，年轻人和恋人约会时的渴望和陶醉，也不过如此吧。

感谢张家港市东莱小学苏校长，给我开辟文学社专用教室。尽管学校办在城市近郊，学生大多是外来务工人员子女，但我要骄傲地告诉大家，东莱小学的邹逸群、潘依铱、李美琪、刘建鑫等小作家，放在城市，哪怕是大城市的任何一所学校，他们的写作也是最棒的。

感谢一茬茬家长的信任和支持，让我退休后重返讲台，有了"老高私塾·读而写"的教学活动。我教，我存在。我教，我快乐。回到讲台，和孩子们在一起，我总有一种时光倒流的感觉。

作文是阅读下的蛋，写作教学必须从阅读入手。对于写作能力的提高，阅读积累也许比写作训练更为重要。选择最贴近孩子心灵的作品，一个字一个字地读，一句话一句话地读。《一美元的约定》《红线的心愿》《遥远的野玫瑰村》《爱心企鹅》《跑猪噜噜》《汪汪先生》《人鸦》《骗狐狸皮的孩子》《狼行成双》《不老泉》《不可思议先生故事集》《怪博士与妙博士》，刘绍棠、沈石溪、路遥、莫言、黄蓓佳、陈慧、李娟等作家的作品，都是经典中的经典。精读，品读，鉴赏性阅读，阅读是播种，写作是果实，我全部的教育秘诀，都在这一句话里了。

教写作技巧，讲构思艺术，分享语言美和人性美，交流生活经验和人生感悟，为分数而写，为想当作家而写，为情感、为思想、为热爱而写，为安慰自己的心灵、充实自己的精神世界而写，为爱我的人和我爱的人而写。写作教育如此多姿多彩，我和小伙伴都陶醉其中。

感谢家长的鼓励和支持。我点评作文，他们往往对我的点评进行点评。

——对了，高老师，您初中作文班啥时候开呀？我们家娃，还有许校长家娃，都一直对您的课念念不忘，我们家娃更是经常嚷嚷着问我：啥时候能再上高老师的课？

——夫子循循然善诱人，博我以文，约我以礼，欲罢不能。

——孩子上完高老师的课，一直乐呵着。我问他：你咋这么开心？他说：妈妈，高老师的能量太强了，感觉被疗愈了。两个小时过得太快了，一点都不累，还想继续上。原来孩子内心这么渴望高能量的老师来引导他。感恩遇见高老师。

——认真看完高老师的文章，为孩子们点赞，为高老师点赞。每次上完课，您都用心地在点评作品，更是在育人心灵，每次看您的文章都会感动不已，又倍感欣慰，孩子们有机会和您一起，何尝不是一种幸运和幸福，感恩感谢！

　　　　　　　教学生写出高分作文：特级教师的作文教学秘诀

家长对老师的印象评价，主要来自孩子的感觉和收获。孩子和家长高兴，我也高兴。我甚至觉得自己有点了不起，教孩子读书写作，让孩子爱上文学和写作，这个世界上，可能很少有什么工作比我教语文更有意义了吧！

　　穆飏、丁怡萌、胥晗、张兆涵、袁清昕、刘天琦、盛心茹、李美彤、邹逸群、潘依铱、李美琪、刘建鑫、陶佳昊、李晨溪、彭禹洲、吴佳妮、吴思彤……一个个文学小伙伴，一个个星光闪耀的名字，为我的教育生活增添了不少亮色。

　　有社会意义，有成就感，在成就学生的同时，也在成就自己。

　　幸好，我还有自己的文学，有自己的语文，有自己的课堂。我为自己的课堂高兴，我为孩子们高兴。幸好，我这辈子做了语文教师。请不要说我高尚，其实我也自私，快乐工作，是最好的生活方式。

　　每堂作文课后，我一般会为满分作文写点评和教学笔记，这本书稿，便是我这种写作的结集。我的点评，我的其他原创文章，往往作为下一堂作文课的阅读材料之一。拿自己的文章做课文，也算我的一个教学特色。

　　我教，我快乐；我写，我快乐。我的这种写作热情，感染和影响了学生。请看，东莱小学的刘建鑫同学在作文里写道：

　　我讨厌被圈在格子里的写作，这更多是考生对分数的渴望。而文学社的作文是创作，重在自我感情的表达……而且，有人愿意倾听，他们就坐在纸的另一端，欣赏、评价我所说的话。

　　能得到别人认可，可以将想说的和平时不敢说的都写出来，将自己的情感融入进去，和别人分享，这对我来说，就是最简单的快乐。

　　我不会拼了命让自己的作品闯出一片天地。我想，在未来，只要一直享受着这种快乐，就算给现在的我，以前的我，一个交代了吧。

　　我在评语里对刘建鑫说：为什么而写，不为什么而写，只因为热爱，这就够了。

　　因为热爱。为了热爱。那么，写作就会成为你人生的一段美好历程。

　　　　　　　　　（2023 年 10 月 2 日一稿，2024 年 6 月 5 日修改定稿）